AF494160

COLLECTION DE M. LE Dr V...

PREMIÈRE PARTIE

Monnaies Grecques
Romaines, Françaises
JETONS

Monnaies. — Collection…

A la salle 9, Me Maurice Carpentier et M. Bourgey ont dispersé les monnaies anciennes de la collection du docteur V…

Dans les monnaies grecques, notons :

39. Drachme or de Hicetas : 3.620 fr. — 43. Tétradrame argent d'Acante : 1.810 fr. — 63. Bois de Thrace. Statère d'or : 2.000 fr. — 94. Elis. Statère d'argent : 2.600 fr. — 127. Arsinoé II. Octodrachme d'or : 1.820 fr.

Dans les monnaies romaines :

137. Tête de Mars, or : 2.350 fr. — 138. Une autre : 2.005 fr. — 213. Jules César. Tête de la Piété, or : 1.000 fr.

Dans les monnaies capétiennes :

524. Masse d'or de Philippe IV : 1.050 fr. — 535. Parisis d'or de Philippe VI : 2.950 fr. — 570. Demi-heaume d'or de Charles VI : 1.985 fr. — 640. Ducat d'or de Naples de L. XII : 2.020 fr.

A la vacation d'hier, on note :

688. Henri II. Double Henri d'or, Rouen : 1.400 fr. — 715. Henri III. Ecu d'or aux H couronnés, Bayonne : 1.350 fr. — 746. Louis XIII. Ecu d'or du Dauphiné. Grenoble, 1642 : 4.000 fr. — 779. Louis XIV. Lis d'or, 1650 : 1.250 fr. — 786. Louis XIV. Double Louis d'or. Rennes, 1690 : 1.000 fr. — 806. Louis XIV. Double Louis d'or au soleil, 1711 : 1.000 fr. — 836. Louis XIV. Louis d'or de Noailles : 1.500 fr. — 837. Louis XIV. Demi-Louis d'or de Noailles. Paris, 1717 : 3.750 fr. — 902. Consulat et Empire. 40 frcs. Paris 1807, or : 2.330 fr.

Gazette de l'Hôtel Drouot, 6 décembre 1928 —

COLLECTION de M. le DOCTEUR V…

VENTE faite salle 8, du 3 au 5 décembre 1928, par Me Maurice CARPENTIER et M. Etienne BOURGEY.

Monnaies anciennes

N°	Prix	N°	Prix	N°	Prix	N°	Prix
1.	410	2.	100	3.	285	4.	22
5.	70	6.	300	7.	55	8.	122
9.	105	10.	135	11.	430	12.	55
13.	245	14.	155	15.	90	16.	45
17.	20	18-9.	28	20.	30	21.	220
22.	180	23.	35	24.	60	25.	52
26.	145	27.	150	28.	125	29.	720
30.	62	31.	36	32.	22	33.	730
34.	215	35.	35	36.	80	37-8.	45
39.	3.620	40.	42	41.	35	42.	52
43.	1.810	44.	45	45.	680	46.	450
47.	450	48.	450	49.	360	50.	55
51.	44	52.	1.550	53.	175	54.	110
55.	205	56.	150	57.	33	58.	800
59.	25	60.	165	61.	285	62.	920
63.	2.000	64.	95	65.	115	66.	80
67.	270	68.	150	69.	100	70.	55
71.	110	72.	80	73.	140	74.	650
75.	425	76.	140	77.	18	78.	300
79.	285	80.	410	81.	65	82.	60
83.	100	84.	1.200	85.	320	86.	80
87.	85	88.	100	89.	80	90.	105
91.	82	92.	80	93.	65	94.	2.600
95.	12	96.	260	97.	500	98.	190
99.	750	100.	100	101.	200	102-3.	42
104.	550	105.	55	106.	50	107.	47
108-9.	100	110.	105	111.	750	112.	37
113.	175	114.	175	115.	275	116.	130
117.	70	118.	60	119.	325	120.	50
121.	n. v.	122.	275	123.	125	124.	115
125.	360	126.	1.230	127.	1.820	128.	360
129.	200	130.	50	131.	200	132.	105
133.	42	134.	165	135-6.	75	137.	2.350
138.	2.005	139.	35	140-1.	60	142.	44
143-4.	52	145 à 7.	75	148.	36	149-50.	61
151.	18	152-3.	42	154.	16	155.	70
156.	20	157 à 9.	75	160.	20	161.	31
163 à 4.	54	165.	120	166.	20	167-8.	37
169.	25	170-1.	42	172-3.	36	174-5.	35
176.	26	177.	26	178.	15	179-80.	16
181.	27	182.	22	183.	16	184.	13
185.	16	186.	17	187-8.	35	189.	12
190.	80	191.	23	192.	12	193.	17
194.	58	195.	16	196.	52	197.	150
[illegible]		[illegible]		[illegible]		[illegible]	
[illegible]		[illegible]		[illegible]		[illegible]	
[illegible]		[illegible]		[illegible]		[illegible]	
216.	27	217.	78	218.	110	219.	[illegible]
220.	110	221.	500	222.	50	223.	40
224.	150	225.	120	226.	37	227.	[illegible]
228.	78	229.	61	230.	48	231.	[illegible]
232.	525	233.	52	234.	335	235.	300
236.	55	237-8.	58	239.	380	240.	1.200
241.	62	242.	60	243.	850	244.	350

Gazette de l'Hôtel Drouot, 29 Janvier 1929 —

N°	Prix	N°	Prix	N°	Prix	N°	Prix
245	30	246.	240	247.	240	248	100
249.	220	250.	465	251.	260	252.	102
253.	120	254.	700	255.	180	256.	355
257.	32	258.	900	259.	425	260.	235
261.	12						
262.	35	263.	530	264.	27	265.	700
266.	27	267.	350	268.	485	269.	52
270.	180	271.	280	272.	455	273.	22
274.	340	275.	18	276.	52	277.	320
278-9.	136	280.	160	281.	115	282.	710
283.	60	284.	50	285.	40	286.	100
287.	750	288.	90	289.	350	290.	45
291.	690	292.	365	293.	450	294.	190
295.	105	296.	590	297.	170	298.	32
299.	22	300.	105	301.	1.500	302.	51
303.	630	304.	25	305.	30	306.	66
307.	38	308.	35	309.	95	310.	75
311.	32	312.	50	313.	55	314.	46
315.	56	316.	45	317.	46	318.	12
319.	18	320.	52	321.	64	322.	11
323.	58	324.	32	325.	54	326.	130
327.	60	328-9.	22	330.	220	331.	80
332.	16	333.	22	334.	47	335.	10
336.	85	337 à 9.	16	340.	42	341.	10
342.	42	343.	250	344.	52	345.	40
346.	10	347.	22	348 à 50.	32	351.	72
352.	150	353.	160	354.	142	355.	325
356.	190	357.	30	358	12	359.	95
360.	155	361.	180	362-3.	170	364-5.	150
366-7.	160	368 à 70.	140	371.	45	372.	40
373.	22	374.	160	375.	32	376.	27
377.	27	378 à 80.	33	381-2.	35	383.	140
384.	200	385.	36	386 à 8.	44	389.	35
390.	27	391.	60	392.	22	393-4.	35
395.	28	396.	225	397	180	398.	60
399.	290	400.	42	401.	27	402.	15
403 à 5.	52	406.	52	407.	285	408.	40
409.	50	410.	42	411.	35	412.	47
413.	35	414.	27	415.	90	416.	48
417.	32	418.	305	419-20.	45	421.	60
422.	25	423.	22	424-5.	15	426.	22
427.	40	428.	52	429.	155	430.	120
431.	65	432.	42	433.	70	434.	75
435.	165	436.	560	437.	40	438.	22
439.	76	440.	235	441.	560	442.	205
443.	1.850	444.	220	445.	800	446.	600
447.	520	448.	420	449.	47	450.	50
451.	47	452.	87	453 à 5.	87	456-7.	62
458-9.	55	460 à 2.	48	463.	65	464.	55
465.	57	466.	42	467.	40	468.	72
469.	35	470 à 3.	55	474.	265	475.	820
476.	210	477.	105	478.	90	479-80.	30
481.	30	482.	37	483.	72	484.	52
485-6.	65	487.	135	488.	55	489-90.	32
491.	85	492.	56	493-4.	195	495.	85
496.	195	497.	52	498.	26	499.	70
500.	135						
501.	80	502.	125	503	32	504.	105
505 à 7.	47	508.	33	509.	450	510.	350
511.	95	512.	12	513.	50	514.	31
515.	12	516.	44	517-8.	12	519.	780
520.	6	521.	940	522.	11	523.	525
524.	1.050	525.	15	526	26	527.	500
528.	30	529.	385	530.	280	531.	22
532.	9	533.	20	534.	300	535.	2.950
536.	195	537.	660	538.	675	539.	[illegible]
540.	990	541.	440	542.	505	543-44.	20
545.	50	546.	210	547.	435	548.	290
549.	310	550.	23	551.	21	552.	42
553.	16	554-55.	90	556.	44	557.	30
558.	16	559.	80	560.	160	561.	125

N°	Prix	N°	Prix	N°	Prix	N°	Prix
[illegible]	[illegible]	[illegible]	[illegible]	[illegible]	15	581.	50
[illegible]	[illegible]	[illegible]	[illegible]	[illegible]	[illegible]	585.	275
[illegible]	[illegible]	[illegible]	[illegible]	[illegible]	15	589.	17
[illegible]	[illegible]	[illegible]	[illegible]	[illegible]	105	593.	102
[illegible]	[illegible]	[illegible]	[illegible]	[illegible]	85	597.	106
[illegible]	[illegible]	[illegible]	[illegible]	600.	330	601.	290
[illegible]	[illegible]	[illegible]	[illegible]	604.	20	605.	15
[illegible]	[illegible]	[illegible]	[illegible]	608.	10	609.	28
[illegible]	[illegible]	[illegible]	[illegible]	612.	110	613.	260
[illegible]	[illegible]	[illegible]	[illegible]	616.	225	618.	125
[illegible]	[illegible]	[illegible]	220	621.	390	622.	10
[illegible]	[illegible]	[illegible]	6	626.	12	627.	16
[illegible]	[illegible]	[illegible]	105	630.	85	631.	155
[illegible]	[illegible]	[illegible]	90	634.	560	635.	175
[illegible]	[illegible]	637.	222	638.	400	639.	280
[illegible]	[illegible]	641.	17	642.	20	643.	31
[illegible]	[illegible]	645.	155	646.	13	647.	175
[illegible]	[illegible]	649.	21	650-51.	6	652.	462
[illegible]	[illegible]	654.	93	655.	155	656.	280
[illegible]	[illegible]	658.	175	659.	126	660.	120
[illegible]	[illegible]	662.	115	663.	490	664.	150
[illegible]	[illegible]	666.	140	667.	155	668.	68
[illegible]	[illegible]	670.	155	671.	53	672.	45
[illegible]	[illegible]	674.	145	675.	175	676.	80
[illegible]	[illegible]	678 à 80.	28	681.	33	682.	5
[illegible]	[illegible]	684 à 86.	85	687.	182	688.	1.400
[illegible]	[illegible]	690.	445	691.	102	692.	102
[illegible]	[illegible]	694.	107	695.	82	696.	190
[illegible]	[illegible]	698.	42	699.	55	700.	54

(A suivre)

Gazette de l'Hôtel Drouot, 29 janvier 1929 —

COLLECTION de M. le DOCTEUR V...

VENTE faite salle 8, du 3 au 5 décembre 1928, par M° **Maurice CARPENTIER** et M° **Etienne BOURGEY**.

(Voir Gazette du 29 janvier 1929)

(Suite et fin)

Monnaies anciennes

N°s	Prix	N°s	Prix	N°s	Prix	N°s	Prix
701.	11	702.	13	703.	325	704.	800
705.	450	706.	150	707.	116	708.	390
709.	205	710-1.	26	712.	37	713.	410
714.	10	715.	1.350	716.	270	717.	270
718.	60	719.	105	720.	85	721.	76
722.	50	723.	15	724.	245	725.	50
726.	42	727.	39	728.	12	729.	830
730.	700	731.	25	732.	32	733.	27
734.	22	735.	132	736.	33	737.	40
738.	739	739.	697	740.	507	741.	520
742.	85	743.	105	744.	132	745.	150
746.	4.000	747.	1.250	748.	1.050	749.	270
750.	210	751.	140	752.	125	753-4.	30
755.	30	756.	75	757.	67	758.	211
759.	42	760.	150	761.	52	762.	32
763.	50	764.	577	765.	56	766.	377
767.	285	768.	230	769.	252	770.	235
771.	175	772.	390	773.	160	774.	170
775.	202	776.	222	777.	345	778.	335
779.	1.250	780.	350	781.	340	782.	332
783.	1.425	784.	450	785.	250	786.	1.000
787.	685	788.	290	789.	210	790.	250
791.	290	792.	300	793.	545	794.	155
795.	960	796.	585	797.	152	798.	232
799.	245	800.	292	801.	382	802.	402
803.	215	804.	485	805.	771	806.	1.000
807.	340	808.	240	809.	215	810.	430
811.	20	812.	80	813.	400	814.	34
815.	95	816.	55	817.	30	818.	303
819.	30	820.	105	821.	90	822.	82
823.	50	824.	65	825.	45	826.	100
827.	70	828.	40	829.	60	830.	52
831-2.	27	833.	780	834.	400	835.	810
836.	400	837.	3.750	838.	280	839.	280
840.	270	841.	362	842.	1.300	843.	295
844.	315	845.	250	846.	265	847.	240

N°s	Prix	N°s	Prix	N°s	Prix	N°s	Prix
848.	250	849.	145	850.	620	851.	600
852.	175	853.	300	854.	1.100	855.	850
856.	80	857-8.	40	859.	70	860.	47
861.	70	862.	16	863.	80	864.	50
865.	45	866.	18	867.	245	868.	70
869.	37	870.	80	871.	35	872.	735
873.	440	874.	425	875.	375	876.	305
877.	922	878.	265	879.	130	880.	1.125
881-2.	42	883.	420	884.	185	885.	75
886.	50	887.	250	888.	285	889.	20
890.	155	891.	50	892.	490	893.	610
894.	40	895.	310	896.	355	897.	220
898.	40	899.	150	900.	590	901.	70
902.	2.330	903.	255	904.	185	905.	200
906.	38	907.	130	908.	70	909.	135
910.	55	911-12.	420	913.	290	914.	145
915.	245	916.	150	917.	145	918.	170
919.	135	920.	370	921.	70	922.	370
923.	80	924.	270	925.	18	926.	200
927.	280	928.	200	929.	25	930.	80
931-2.	40	933.	335	934.	60	935.	160
936.	20	937.	200	938.	110	939.	47
940.	15	941.	50	942.	25	943.	47
944.	50	945.	115	946-7.	42	948.	120
949.	140	950.	47	951.	55	952.	80
953.	65	954.	15	955 à 58.	80	959.	38
960.	35	961.	60	962-3.	45	964.	20
965-66.	135	967 à 69.	60	970.	125	971.	120
972.	125	973.	150	974.	60	975.	95
976.	125	977.	110	978 à 80.	50	981.	80
982 à 84.	65	985-86.	60	987.	315	988 à 91.	82
992.	22	993-94.	42	995.	20	996-97.	40
998.	150	999 et 1001.	42	1000.	32		
1002.	535	1003.	385	1004.	90	1005-6.	35
1007-1008.	40						

Gazette de l'Hôtel Drouot, 2 février 1929 —

MONNAIES GRECQUES

Romaines, Gauloises

Monnaies Françaises

JETONS

VENTE AUX ENCHÈRES PUBLIQUES

A PARIS, HOTEL DES COMMISSAIRES-PRISEURS, RUE DROUOT, 9

SALLE N° 9

Du Lundi 3 Décembre au Mercredi 5 Décembre 1928

A DEUX HEURES PRÉCISES

EXPOSITION PUBLIQUE le Dimanche 2 Décembre 1928

HOTEL DROUOT, SALLE 9

COMMISSAIRE-PRISEUR :

Mᵉ Maurice CARPENTIER

14, Rue de la Grange-Batelière

EXPERT :

M. Etienne BOURGEY

7, Rue Drouot, 7

PARIS

Exposition particulière :

Du 26 Novembre au 1er Décembre 1928, chez M. Etienne BOURGEY, expert, 7, rue Drouot (Téléphone : Provence 88-67).

———

Exposition publique :

Le Dimanche 2 Décembre 1928, HOTEL DROUOT, Salle 9.

———

La vente aura lieu au comptant.

Les acquéreurs paieront 19,50 pour cent en sus des enchères.

L'authenticité des pièces est garantie.

M. Etienne BOURGEY, 7, rue Drouot, se charge d'exécuter les commissions qui lui seront confiées.

L'ordre du catalogue sera suivi. L'expert se réserve le droit de diviser ou réunir les lots.

———

MONNAIES GRECQUES

1 **Emporiae**. Tête de Cérès à dr. ℞. Pégase. Drachme. Arg. TB.
Pl. 1.

2 **Iliberis**. Tête imberbe à dr. ℞. Cavalier menant deux chevaux
(Heiss. 48. 1). Arg. TB. *Pl. 1.*

3 **Hyria**. Tête d'Athéna à dr. ℞. Taureau androcéphale à g. Didr.
Arg. B. *Pl. I.*

4 **Néapolis**. Tête de nymphe à dr. entre quatre dauphins. ℞. Taureau androcéphale à dr. couronné par une Victoire. Didr. Arg.
AB. *Pl. I.*

5 **Rubastini**. Amphore, corne d'abondance, œnochoé. ℞. Lyre.
Obole. Arg. TB. *Pl. I.*

6 **Tarente**. ΦΙΛΩ. Cavalier à dr. ℞. Taras sur le dauphin. Didr. Arg.
Très beau. *Pl. 1.*

7 Cavalier se couronnant. ℞. Taras. Didr. Arg. TB.

8 Tête d'Athéna à g. ℞. Héraclès étouffant le lion. Diobole. Arg.
Très beau. *Pl. I.*

9 Canthare et monog. ℞. Canthare. Obole. Arg. TB. *Pl. I.*

10 Deux croissants. Poids, 0 gr. 23. Arg. TB. *Pl. I.*

11 **Héraclée**. Tête d'Athéna à dr. ℞. ΦΙΛΩ. Héraclès deb. de face
appuyé sur la massue, se couronne. Didr. Arg. TB. *Pl. I.*

12 **Métaponte**. Epi de blé. ℞. Bucrâne incus. 1/6 de statère. Arg. TB.
Pl. 1.

13 **Sybaris**. Taureau à g. regardant en arrière. ℞. Même type à dr.
incus. Statère. Arg. B. *Pl. I.*

14 **Velia**. Tête d'Athéna à g. ℞. Lion à dr., au-dessus, une chouette.
Didr. Arg. TB. *Pl. I.*

15 Même type. ℞. Lion dévorant un cerf. Didr. Arg. B. *Pl. I.*

16 Buste de Niké à dr. ℞. Homme nu de face se couronnant.
Drachme. Arg. B.

17 Tête d'Héraclès à dr. ℟. Athéna combattant. Bronze. TB. Jolie
patine verte. *Pl. I.*

18 Tête de Niké à g. ℟. Zeus tonnant. Br. TB.

19 **Caulonia**. Apollon deb. à dr. ℟. Cerf deb. à dr. Didr. Arg. B.

20 **Crotone**. Trépied et cigogne. ℟. Trépied en creux. Statère. Arg. B.
Pl. I.

21 **Rhégium**. Masque de lion de face. ℟. PH. Pousse d'olivier. Poids
o gr. 73. Arg. Très beau. *Pl. I.*

22 Têtes accolées d'Apollon et d'Artémis à dr. ℟. Trépied. Bronze.
TB. *Pl. I.*

23 **Térina**. Tête de Nymphe à g. ℟. Niké assise à g. Didr. Arg. B.
Rare.

24 **Agrigente**. Aigle à g. ℟. Crabe. Tétradr. Arg. B.

25 **Camarina**. Athéna debout. ℟. Victoire volant à g.: au-dessous, un
cygne. Litra. Poids o gr. 64. Arg. TB. *Pl. I.*

26 **Géla**. Protomé de taureau androcéphale à dr. ℟. Quadrige à dr.
Tétradr. sur flan large. Arg. B. Rare. *Pl. I.*

27 — Autre. Même type varié. Arg. B.

28 Même protomé. ℟. Cavalier à dr. Didr. Arg. TB.

29 **Himera**. Coq à g. ℟. Crabe. Didr. Arg. Beau style. *Pl. I.*

3o **Messana**. Lièvre courant à dr. ℟. Messane dans un bige de mules
à dr. Tétradr. Arg. B.

31 *Mamertini*. Tête d'Arès jeune à dr. ℟. Aigle. Br. TB. Jolie patine
verte.

32 Tête d'Arès à g. ℟. Dioscure deb. près de son cheval. Pentonkion.
Br. TB.

33 **Syracuse**. Tête d'Apollon à g. ℟. Trépied. 5o litra. Electrum. Très
belle pièce. *Pl. I.*

34 Tête d'Aréthuse à dr. ℟. Quadrige à dr. Tétradr. Arg. TB.
Pl. II.

35 Tête d'Aréthuse à dr. les cheveux ligaturés. ℟. Quadrige à dr.
Tétradr. Arg. TB. *Pl. II.*

36 Tête casquée d'Athéna à dr. ℟. Pégase. Statère. Arg. TB.
Pl. II.

37 *Agathocles*. Tête d'Héraclès jeune à dr. ℟. Lion. Bronze. TB.
Jolie patine verte. *Pl. II.*

38 Tête d'Artémis. ℟. Foudre. Br. TB.

39 *Hicétas*. Tête de Perséphone à g. ℟. Bige à dr. Drachme. Or.
Très belle pièce. Rare. *Pl. I.*

4o *Hiéron*. Tête d'Hiéron à g. ℟. Cavalier. Br TB.

41 **Lot.** Didr. de *Posidonia*, obole de *Phistelia*. Arg. Bronzes de
   Suessa, Tarente, Petelia, Lipari. — Ens. 6 p. B.

42 Éion. Oie et lézard. Obole. Arg. TB.

43 **Acanthe.** Lion dévorant un taureau. ℞. Carré quadriparti autour
   duquel **AKANΘION**. Tétradr. Arg. Très beau.   *Pl. II.*

44 **Ligue chalcidienne.** Tête d'Apollon. ℞. Lyre. Tétrobole. Arg. TB.

45 **Royaume de Macédoine.** *Philippe II.* Tête d'Apollon. ℞. Bige. Statère. Or. Très beau.   *Pl. I.*

46 Tête de Zeus à dr. ℞. Cavalier à dr. Tétr. Arg. Très beau.
                                                          Pl. II.

47 *Alexandre le Grand.* Tête d'Athéna à dr. ℞. Victoire ; devant elle,
   monogr. Statère. Or. FDC.   *Pl. I.*

48 — Variété. Mende. Statère. Or. Très beau.   *Pl. I.*

49 — Autre variété (Muller 110). Statère. Or. TB.

50 Tête d'Héraclès à dr. ℞. Zeus ass's à g. (Muller 1339. Damas.
   Tétradr. Arg. TB.   *Pl. II.*

51 *Cassandre.* Tête d'Héraclès à dr. ℞. Lion assis. Bronze. TB.

52 *Demétrius Poliorcètes.* Tête diadémée à dr. ℞. Poseidon nu deb.
   à g. le pied sur un rocher. Tétradr. Arg. Très beau. Rare.
                                                          Pl. II.

53 *Antigone Gonatas.* Tête de Pan sur un bouclier. ℞. Athéna Alkis
   brandissant un foudre. Tétradr. Arg. TB.   *Pl. II.*

54 **Péonie.** *Patraos.* Tête imberbe à dr. ℞. Cavalier renversant un
   ennemi. Tétrad. Arg. B.

55 **Macédoine Romaine.** Buste d'Artémis sur un bouclier. ℞. Massue.
   Tétrad. Arg. TB.   *Pl. II.*

56 *Aesillas.* Tête d'Alexandre le Grand à dr. ℞. Massue entre un
   coffret et une chaise. Tétradr. Arg. TB.   *Pl. II.*

57 **Lot.** Tétroboles de *Chalcidice*, de *Philippe II*. Drachme de *Philippe III*. Bronze de *Pella*. — Ens. 4 p. B. et TB.

58 **Maronée.** Cheval à g. ; au-dessus, casque. ℞. ΕΠΙ ΠΟΣΙΔΗΙΟ dans
   un carré autour d'un carré orné d'un cep portant quatre
   grappes. Tétradr. Arg. TB.   *Pl. II.*

59 Protomé de cheval à g. ℞. Grappe dans un carré. Drachme. Arg.
   TB.

60 **Thasos.** Tête imberbe de Dionysos à dr. ℞. Héraclès deb. Tétradr.
   Arg. TB.   *Pl. II.*

61 **Istros.** Deux têtes imberbes en sens vertical opposé. ℞. Aigle sur
   un dauphin. Didr. Arg. TB.   *Pl. II.*

62 **Rois de Thrace.** *Lysimaque.* Tête divinisée d'Alexandre le Grand. ℞. Athéna assise à g. Statère. Or. Très belle pièce. *Pl. II.*

63 — Même type, autre style. Byzantium. Statère. Or. FDC. *Pl. II.*

64 Même type. Byzantium. Tétradr. Arg. TB.

65 **Larissa.** Tête de nymphe, de face. ℞. Cheval paissant. Didr. Arg. TB. *Pl. II.*

66 **Confédération thessalienne.** Tête de Zeus. ℞. Athéna Itonia. Double victoriat. Arg. 2 p. variées. B.

67 **Apollonie.** Tête d'Apollon à g. ℞. Trois nymphes. Denier. Arg. TB. *Pl. II.*

68 **Rois d'Epire.** *Pyrrhus.* Tête de Perséphone à dr. ℞. Athéna Promachos combattant. Poids 5 gr. 55. Drachme (?). Arg. B. *Pl. III.*

69 **Confédération épirote.** Tête de Zeus à dr. ℞. Aigle sur un foudre. Drachme. Arg. TB. *Pl. III.*

70 **Corcyre.** Tête de Dyonisos. ℞. Pégase. Didr. Arg. TB.

71 **Leucas.** Statue d'Aphrodite. ℞. Proue. Didr. Arg. TB. *Pl. II.*

72 **Etolie.** Tête d'Etolie à dr. ℞. Sanglier à dr. Triobole. Arg. TB. *Pl. I.*

73 **Oponte.** Tête de Perséphone à dr. ℞. Ajax nu, deb. à dr. Tétrobole. Arg. TB. *Pl. III.*

74 **Delphes.** Tête de bélier à dr. ℞. Tête de bouc entre deux dauphins dans un carré creux. Triobole. Arg. Très beau. *Pl. III.*

75 **Thèbes.** Bouclier. ℞. FA ΣΓ. Amphore et grain d'orge. Statère. Arg. Très beau. *Pl. III.*

76 Autre. ℞. Θ Amphore. Statère. Arg. B. *Pl. III.*

77 **Chalcis.** Tête d'Aréthuse à dr. ℞. Aigle dévorant un serpent. Drachme. Arg. B.

78 **Erétrie.** Vache à dr. se détournant pour se lécher une patte. ℞. Poulpe à 8 tentacules. Didr. Arg. B. Rare. *Pl. III.*

79 **Histiée.** Tête de nymphe à dr. ℞. Histiae assise sur une proue. Tétrobole. Arg. TB. Très beau style. *Pl. III.*

80 **Athènes.** Tête d'Athéna à dr., de style primitif, l'œil de face. ℞. Chouette. Tétradr. Arg. B. Rare. *Pl. III.*

81 — Variété de style archaïque postérieur. Tétradr. Arg. TB.

82 — Autre variété, plus tardive, l'œil de profil. Tétradr. Arg. TB. *Pl. III.*

83 Tête d'Athéna coiffée d'un casque à crinière. ℞. Chouette sur une amphore. Tétradr. Arg. TB. *Pl. III.*

84 **Egine**. Tortue marine, une rangée de points sur la carapace. ℞. Carré creux divisé. Statère. Arg. Très beau. Rare.   *Pl. III.*

85 Tortue terrestre à trois rangs d'écailles. ℞. Carré creux divisé. Obole. Poids o gr. 85. Arg. TB.   *Pl. III.*

86 **Corinthe**. Tête d'Athéna à g. ℞. Pégase. Statère. Arg. TB.   *Pl. III.*

87 **Colonies de Corinthe**. *Anactorium*. Type du précédent. Statère. Arg. TB.   *Pl. III.*

88 Autre exemplaire, moins beau. *Argos. Thyrreum*. Statères. Même type. — Ens. 3 p. Arg. B.

89 *Locres*. Statère au même type. Arg. TB.

90 **Lacédémone**. Tête d'Hercule à dr. ℞. Amphore entre les bonnets des Dioscures. Tétrobole. Arg. TB.   *Pl. III.*

91 **Argos**. Protomé de loup à g. ℞. Dans un carré creux, ᴀ. Tétrobole. Arg. TB.   *Pl. III.*

92 **Cleitor**. Tête rayonnante d'Hélios, de face. ℞. Taureau chargeant à dr. Triobole. Arg. B.   *Pl. III.*

93 **Sicyon**. Statère et tétrobole. **Ligue achéenne**. Trioboles variés. — Ens. 4 p. Arg. B.

94 **Elis**. F A. Tête de Héra à dr. les cheveux ceints d'un stéphanos sur lequel on lit **FΑΛΕΙΩΝ**. ℞. Aigle deb. de trois quarts dans une couronne. Statère. Arg. Très beau et rare.   *Pl. III.*

95 **Amisus**. Egide. ℞. Niké. Bronze. TB. Jolie patine verte.

96 **Cromna**. Tête de Zeus à g. ℞. Tête d'Héra ou Tyché. Tétrobole. Arg. Très beau.   *Pl. III.*

97 **Sinope**. Tête de la nymphe Sinopé à g. ℞. Aigle sur un dauphin. Drachme de très beau style. Superbe et rare.   *Pl. III.*

98 — Variété. Aplustre devant la tête de Sinopé. Drachme. Arg. TB.   *Pl. III.*

99 **Rois de Bithynie**. *Nicomèdes II*. Buste à dr. ℞. Zeus debout à g. Tétradr. Arg. TB. Rare.   *Pl. IV.*

100 **Attales I**. Tête à dr. ℞. Athéna assise à g. Tétradr. Arg. B.

101 **Lesbos**. Tête d'Apollon. ℞. Tête de nymphe. Hecté. Electrum. TB.   *Pl. III.*

102 **Clazomène**. Protomé de sanglier ailé. Drachme. **Ephèse**. Abeille. ℞. Cerf devant un palmier. Drachme. — Ens. 2 p. Arg. B. et TB.

103 **Chios**. Sphinx. ℞. Carré creux divisé. Didrachme. Arg. B.

104 **Calymna**. Tête imberbe casquée. ℞. Lyre. Didr. Arg. Très beau.   *Pl. III.*

105 **Rhodes**. Tête d'Hélios de face. ℞ Rose. Didr. Arg. TB.
Pl. III.

106 — Même type. Drachme. Arg. TB.   *Pl. III.*

107 **Tralles**. Ciste d'où s'échappe un serpent. Cistophore. Arg. TB.

108 **Phrygie**. Bronzes d'*Apamée*, *Ancyre*, *Eucarpia*, *Thyatira*. 4 p. B. et TB.

109 **Aspendos** Deux lutteurs. ℞. Frondeur Statère. Arg. B.
Pl. III.

110 **Satrape** de Cilicie. *Datame*. Tête d'Aréthuse de face. ℞. Tête casquée d'Arès à dr. Statère. Style barbare, très intéressant. Arg. TB.   *Pl. IV.*

111 *Mazaïos*. Baal assis à g. ℞. Lion dévorant un daim couché à g. Statère. Arg. Très beau.   *Pl IV.*

112 **Syrie**. *Antiochus VI*. Tête radiée à dr. ℞. Apollon assis à g. sur l'omphalos. Drachme. Arg. TB.   *Pl. IV.*

113 *Antiochus VII*. Tête à dr. ℞. Athéna deb. à g. Tétradr. Arg. TB.
Pl. IV.

114 *Antiochus VIII*. Buste à dr. ℞. Zeus Ouranios deb. à g. Tétradr. Arg. TB.   *Pl. IV.*

115 *Antiochus IX*. Tête à dr. ℞. Athéna deb. à g. Tétradr. Arg. TB.
Pl. IV.

116 *Seleucus VI*. Buste à dr. ℞. Corne d'abondance. Diobole. Arg. TB.   *Pl. IV.*

117 *Philippe*. Tête à dr. ℞. Zeus assis à g. Tétradr. Arg. TB.
Pl. IV.

118 Lot. Drachmes de *Démétrius I, II, Seleucus IV*. Arg. Bronze d'*Achœus*. — Ens. 4 p. B. et TB.

119 **Séleucie**. Buste de Tyché à dr. ℞. Foudre sur un trône. Tétradr. Arg. TB.   *Pl. IV.*

120 **Aradus**. Buste de Tyché à dr. ℞. Niké deb. à g. Tétradr. Arg. B.

121 Tête de Baal-Arvad à dr. ℞. Galère. Obole. Arg. TB.   *Pl. IV.*

122 **Tyr**. Melkarth chevauchant un hippocampe. ℞. Chouette. Tétradr. Arg. B.   *Pl. IV.*

123 Buste de Melkarth. ℞. Aigle. Tétradr. Arg. TB.   *Pl. IV.*

124 *Bactriene*. Buste à dr. ℞. Athéna deb. 1/4 statère. Arg. Très beau.   *Pl. IV.*

125 *Hooerkes*. Buste à mi-corps à g. ℞. Statère. Or. TB. *Pl. IV.*

126 **Rois d'Égypte**. *Soter et Bérénice, Philadelphe et Arsinoe*. Bustes accolés de chaque côté. Tétradrachme d'or. TB.   *Pl. IV.*

127 *Arsinoé II*. Buste diadémé et voilé à dr. ℞. Double corne d'abondance. Octodrachme d'or. TB. Beau style.   *Pl. IV.*

128 **Carthage**. Tête d'Hercule à dr. ℞. Tête de cheval à g. ; derrière,
  un palmier. Tétradrachme fr. en Sicile. Arg. Très belle pièce.
                                                    Pl. IV.

129 Tête de Perséphone à g. ℞. Cheval à dr. Statère. Electrum. TB.
                                                    Pl. IV.

130 Même type, style varié. 1/2 drachme. Arg. TB.   *Pl. IV.*

131 **Mauritanie**. *Juba II*. Buste à dr. ℞. Buste de l'Afrique. Arg. TB.
                                                    Pl. IV.

132 **Lot** de monnaies diverses. Arg. 9 p. B.

133 Bronzes divers. 19 p. En général B.

MONNAIES
DE LA RÉPUBLIQUE ROMAINE [*]

134 **Romano-Campaniennes**. Tête d'Hercule à dr. ℞. La louve (B. p.
    13. 8). Arg. TB.   *Pl. V.*

135 Tête imberbe de Janus. ℞. ROMA incus. Jupiter tonnant dans un
    quadrige (B. p. 21. 23). Didr. Arg. B.

136 — Même type. ROMA en relief (B. p. 21. 24). Didr. Arg. B.

137 Tête de Mars à dr. ; derrière LX. ℞. ROMA. Aigle sur un foudre (B.
    p. 25. 29). 60 sesterces. Or. Très belle pièce. Rare.   *Pl. V.*

138 — Même type avec XX (B. p. 26. 31). 20 sesterces. Or. Très jolie
    pièce. FDC. Rare.   *Pl. V.*

139 Bronzes (p. 27. 35 ; p. 29. 42). 2 p. B. et TB.

140 **Anonymes**. Tête de Rome. ℞. Dioscures ; symbole, un croissant
    (p. 48. 20). Denier. Arg. TB.

141 Tête de Rome. ℞. Diane dans un bige de cerfs ; dessous, un
    croissant (p. 67. 101). Denier. Arg. Très beau.

142 Once (p. 36. 56). Sextans (p. 46. 18). Once (p. 47. 19). As (p. 50.
    26). Triens (p. 51. 28). Semis (p. 63. 50). — Ens. 6 p. Br. B.
    et TB.

143 **Annia**. L. FABI. L. F. HISP. Quadrige de la Victoire (B. 2. Heiss
    LXVI. 5). Arg. TB.

144 **Antia**. Tête d'Antius Restio. ℞. Hercule portant un trophée (1).
    Arg. TB.   *Pl. V.*

145 **Aurelia**. COTA. Tête de Rome. ℞. Hercule dans un bige de cen-
    taures (16). Arg. TB.   *Pl. V.*

146 **Caecilia**. Quadrige de Jupiter (21). Bouclier macédonien (28).
    Arg. 2 p. B. et TB.

147 Tête de Jupiter en Terme. ℞. Eléphant (47). Arg. TB.

                                                Pl. V.

148 Tête de Jupiter. ℞. Proue et tête d'éléphant (17 var.). Semis. Br.
    Jolie patine verte. TB.   *Pl. V.*

(*) Les numéros entre parenthèses sont ceux de l'ouvrage de M. E. Babelon :
Description historique et chronologique des Monnaies de la République Romaine.

149 **Calpurnia.** Apollon. ℞. Cavalier (11). **Carisia.** Instruments de monnayage (1). Arg. 2 p. TB.

150 **Cassia.** La Liberté dans un quadrige (1). Aigle sur un foudre (7). Arg. 2 p. B. et TB.

151 **Claudia.** Tête d'Apollon. ℞. Diane lucifère (15). Arg. Très beau.

152 Croissant entouré de cinq étoiles (17). **Coelia.** Bige de la Victoire (3). Arg. 2 p. B.

153 **Cornelia.** Sceptre lauré, globe, gouvernail (54). Arg. TB.

154 Même type, légende variee (55). Arg. Très beau.

155 Sylla entre Bocchus et Jugurtha (59). Arg. Très beau.   *Pl. V.*

156 **Cosconia.** Le gaulois Bituit dans un bige (1). Arg. TB.   *Pl. V.*

157 **Cossutia.** Tête de Méduse. ℞. Bellérophon sur Pégase (1). Arg. B. Rare.

158 **Didia.** La villa publica (1). Arg. TB.

159 Préteur fouettant un esclave révolté (2). Arg. TB.

160 **Domitia.** Bige de la Victoire ; dessous, soldat combattant un chien gaulois (14). Arg. TB.

161 **Egnatia.** Rome et Vénus (2). **Fundania.** Marius dans un quadrige (1). Arg. 2 p. B.

162 **Furia.** Rome couronnant un trophée (18). Arg. TB.

163 Tête de Cérès. ℞. Chaise curule (23). Arg. Très beau.   *Pl. V.*

164 **Gellia.** Mars enlevant Neriène (1). **Hosidia.** Sanglier blessé (1). Arg. 2 p. TB.

165 **Hostilia.** Tête de Vercingétorix à dr. ℞. L. HOSTILIVS SASERN. Gaulois combattant sur un char (2). Arg. Très beau. Rare.
Pl. V.

166 **Julia.** Char de Vénus traîné par deux Amours (4). **Junia.** Les Dioscures (1). Arg. 2 p. TB.

167 Tête de Brutus l'Ancien. ℞. Tête de Servilius Ahala (30). Arg. TB.

168 Consul entre 2 licteurs, précédé d'un héraut (31). Arg. TB.

169 **Licinia.** S. C. Buste de Vénus. ℞. P. CRASSVS M F. Chevalier présentant son cheval (18). Arg. TB.

170 Tête de la Bonne Foi. ℞. Cavalier traînant un captif (24). Arg. TB.   *Pl V.*

171 **Livineia.** Tête de Regulus. ℞. Chaise curule (10). Arg. Très beau.
Pl. V.

172 **Lucilia.** Bige de la Victoire (1). **Lucretia.** Dioscures (1). Arg. 2 p. TB.

173 **Lutatia.** Galère (2). Arg. TB.

174 **Maiania**. Bige de la Victoire (1). Arg. Très beau.
175 **Marcia**. Tête de Philippe V. ℞. Statue équestre (12). **Memmia**. Les
     Dioscures (1). Arg. 2 p. B.
176 Tête de Romulus. ℞. Cérès assise (9). Arg. TB.
177 Tête de Cérès. ℞. Captif et trophée (10). Arg. TB.   *Pl. V.*
178 **Minucia**. Dioscures (1). Guerriers combattant (9). Arg. 2 p. TB.
179 Colonne frumentaire entre 2 hommes (3, 9). Arg. 2 p. TB.
180 **Mussidia**. Le vaisseau des cloaques (6). Arg. B.
181 **Nonia**. Tête de Saturne. ℞. Rome couronnée par la Victoire (1).
     Arg. Très beau.   *Pl. V.*
182 **Petillia**. Tête de Jupiter. ℞. Temple (1). Arg. TB.   *Pl. V.*
183 Aigle sur un foudre. ℞. Temple (2). Arg. B.
184 **Pinaria**. Bige de la Victoire (1). Arg. Très beau.
185 **Plaetoria**. Cybèle. ℞. Chaise curule (3). Arg. TB.
186 Buste de Vacuna. ℞. Aigle sur un foudre (4). Arg. TB.
187 **Plancia**. Tête de Diane. ℞. Bouquetin (1). Arg. Très beau.
188 **Plautia**. Masque. ℞. L'Aurore et 4 chevaux (14). Arg. TB.
189 **Plutia**. C. PLVTI. ROMA. Les Dioscures (1). Arg. TB.
190 **Pompeia**. Tête de Pompeius Rufus. ℞. Tête de Sylla (4). Arg.
     TB.   *Pl. V.*
191 Chaise curule (5). Arg. Très beau.   *Pl. V.*
192 **Pomponia**. Tête d'Apollon. ℞. Numa et un victimaire sacrifiant
     un bouc (6). Arg. B. Rare.
193 **Porcia**. Bige de la Victoire (1). Victoire (9). Arg. 2 p. TB.
194 PROVOCO. Guerrier entre un citoyen et un licteur (4). Arg. TB.
195 **Postumia**. Diane. ℞. Sacrificateur et taureau (7). Arg. TB.
196 Tête nue. ℞. ALBINV. BRVTI. F. Couronne d'épis (14). Arg. TB.
197 **Quinctilia**. Tête de Rome. ℞. Dioscures (1). Arg. B. Rare.
                                                               Pl. V.
198 **Renia**. Junon dans un bige de boucs (1). Arg. Très beau.
199 **Scribonia**. Bonus Eventus. ℞. Margelle de puits (8). Arg. TB.
200 **Sempronia**. Les Dioscures (2). Arg. Très beau.
201 **Servilia**. Dioscures (1). Cavalier combattant (5). Arg. 2 p. B. et
     TB.
202 **Sicinia**. Apollon. ℞. Massue et peau de lion (1). Arg. B.
203 **Statia**. Tête de Neptune. ℞. MVRCVS IMP. Murcus, préfet de la
     flotte, relevant l'Asie devant un trophée (1). Arg. B. Très rare.
                                                               Pl. V.
204 **Sulpicia**. Instruments de sacrifice (7). Arg. Très beau. *Pl. V.*
205 **Thoria**. Taureau (1. et *Heiss*. LXVII. 18). Arg. TB.

206 **Valeria**. Buste de la Victoire. ℞. Mars (11). Arg. B.

207 Aigle légionnaire entre 2 enseignes (12). Arg. TB.

208 **Vargunteia**. Quadrige (1). **Veturia**. Serment sur un porc (1). Arg.
2 p. TB.

209 **Vibia**. Bacchus. ℞ Cérès. (15). Arg. B.

210 **Lot** de monnaies diverses de la République. Arg. 24 p. B.

MONNAIES DE L'EMPIRE ROMAIN (*)

211 **Pompée le Grand**. Tête de Pallas. ℞. Pompée, le pied sur une
proue de navire, est accueilli par l'Espagne (Cohen. 1. — B.
Pompeia. 9). Arg. B.   *Pl. V.*

212 Tête de Pompée. ℞. Neptune entre les frères de Catane (C. 17.
— B. *Pompeia*. 27). Arg. B.

213 **Jules César**. Tête de la Piété. ℞. Instruments de sacrifice. (C. 2.
— B. *Histia*. 1). Or. Très belle.   *Pl. V.*

214 Trophée et 2 captifs (C. 13. — B. *Julia*. 11). Arg. B.

215 Tête de la Piété. ℞. Trophée (C. 18. — B. *Julia*. 26). Arg. TB.

216 Tête laurée de Jules César. ℞. Vénus nicéphore (C. 41. — B.
Julia. 46). Arg. B. Rare.   *Pl. V.*

217 Éléphant. ℞. Instruments de sacrifice (C. 49. — B. *Julia*. 9).
Arg. TB.

218 CAESAR. Buste à dr. ℞. Galère. GB. B.

219 **Jules César et Octave**. Tête laurée de César. ℞. Tête nue d'Octave (C. 1. — B. *Sanquinia*. 3). — Arg. Très belle pièce. Rare.
Pl. V.

220 **Brutus**. COSTA LEG. Tête laurée de la Liberté. ℞. BRVTVS IMP. Trophée (C. 4 — B. *Junia*. 42). Arg. TB. Rare.   *Pl. V.*

221 **Cassius**. ΚΟΣΩΝ. Brutus entre deux licteurs. ℞. Aigle. Or. Très
belle pièce.   *Pl. V.*

222 Buste de la Liberté. ℞. Vase et lituus (C. 6. — B. *Cassia*. 18).
Arg. TB.   *Pl. V.*

223 **Domitius Ahénobarbus**. Sa tête nue. ℞. Trophée sur une proue
(B. *Domitia*. 21). Arg. TB. Rare.   *Pl. V.*

224 **Sexte Pompée**. Le phare de Messine. ℞. Le monstre Scylla (C. 2.
— B. *Pompeia*. 22). Arg. Très belle pièce. Rare.   *Pl. V.*

(*) Les numéros se rapportent à l'ouvrage de Henri Cohen. *Description historique des monnaies frappées sous l'Empire Romain*, 2e édition.

225 **Lépide**. CABE. Tête de femme à dr. ℞. LEPI. Corne d'abondance
(C. 4 var. — *La Tour* 2545). Obole de Cavaillon. Arg. TB.
Rare. *Pl. V.*

226 **Lépide et Octave**. Tête de Lépide. ℞. Tête d'Octave (C. 2. — B.
Æmilia. 35). Arg. B. Rare.

227 **Marc-Antoine**. Tête à dr. ℞. III VIR. R.P.C. Tête du Soleil dans un
temple (C. 12. — B. *Antonia*. 34). Arg. Très beau. Rare.
Pl. V.

228 **Marc Antoine et Octave**. Tête d'Octave. ℞. Tête d'Antoine (C. 8.
— B. *Antonia*. 51). Arg. Très beau. *Pl. VI.*

229 **Cléopâtre et Marc-Antoine**. Buste de Cléopâtre. ℞. Tête d'Antoine (C. 1. — B. *Antonia*. 95). Arg. B. Très rare.

230 **Lucius et Marc-Antoine**. Tête de L. Antoine. ℞. Tête de M.
Antoine (C. 2. — B. *Antonia*. 48. Arg. B. Rare.

231 **Auguste**. Sa tête. ℞. ASIA RECEPTA. Victoire sur la ciste (C. 14. —
B. *Julia*. 145). Quinaire. Arg. B. Rare. *Pl. VI.*

232 Tête à dr. ℞. Autel (33). Médaillon d'argent. TB. Rare. *Pl. VI.*

233 IMP XII. SICIL. Diane (168). Arg. TB. *Pl. VI.*

234 Temple de Mars (194). Arg. Très belle pièce. FDC. *Pl. VI.*

235 Tête laurée à dr. ℞. PAX. La Paix deb. (218). Médaillon d'argent.
TB. Rare. *Pl. VI.*

236 SIGNIS RECEPTIS. Entre deux enseignes CL. V sur un bouclier 265.
Arg. TB.

237 Tête nue. ℞. Q. SALVIVS. IMP. COS. DESIG. Foudre ailé (C. 514. —
B. *Salvia*. 1). Arg. TB. Rare. *Pl. VI.*

238 Tête à dr. ℞. Cippe (C. 541. — B. *Vinicia*. 1). Arg. B. Rare.

239 Auguste dans un char traîné par quatre éléphants (308). GB. TB.
Rare. *Pl. VII.*

240 Tête laurée à g.; derrière, une Victoire. ℞. P. LVRIVS AGRIPPA III.
VIR. A.A.A.F.F. autour de s c (C. 447. — B. *Luria*. 1. MB. Très
belle pièce. Rare. *Pl. VII.*

241 **Livie**. SALVS AVGVSTA. Buste à dr. ℞. TI. CAESAR etc. autour de s. c.
(5). MB. TB.

242 **Agrippa**. Tête à g. ℞. Neptune (3). MB. TB. Patine verte.
Pl. VII.

243 **Caïus César**. Tête jeune à dr. dans une couronne. ℞. Candélabre
dans une couronne (2). Arg. TB. Rare. *Pl. VI.*

244 **Tibère**. Tête à dr. ℞. Livie assise (15). Or. TB. *Pl. VI.*

245 — Même type (16. Arg. B.

246 CIVITATIBVS ASIAE RESTITVTIS. Tibère assis à g. (3). GB. TB.
Pl. VII.

247 **Drusus**. Têtes en regard de Tibère et Germanicus, fils de Drusus, sur 2 cornes d'abondance ; au milieu, un caducée (1). GB.TB.
Pl. VII.

248 **Néron Drusus**. Tête laurée à g. ℞. DE GERMANIS. Drapeau entre deux boucliers en sautoir (5). Or. B. *Pl. VI.*

249 **Antonia**. Buste à dr. ℞. Cérès deb. (2). Arg. B. Rare. *Pl. VI.*

250 **Germanicus et Caligula**. Tête de Germanicus. ℞. Tête de Caligula (6). Or. B. Rare. *Pl. VI.*

251 — Même médaille (5). Arg. TB. Rare. *Pl. VI.*

252 **Agrippine mère**. Buste à dr. ℞. TI. CLAVDIVS etc. autour de s c (2. 40 fr.). GB. Rare. B.

253 **Agrippine mère et Caligula**. Buste d'Agrippine. ℞. Tête de Caligula (4). Arg. B. Rare. *Pl. VI.*

254 **Caligula**. La Piété assise à g. ℞. Caligula sacrifiant (9). GB. Très beau. Patine vert foncé. *Pl. VII.*

255 **Claude I**. Tête à dr. ℞. EX. S. C. OB. CIVES. SERVATOS dans une couronne (35). Arg. Très beau. Rare. *Pl. VI.*

256 Tête laurée à dr. ℞. SPES AVGVSTA SC. L'Espérance (85). GB. Très beau. Patine vert foncé. *Pl. VII.*

257 **Claude et Messaline**. Tête de Claude. ℞. Messaline deb. *Alexandrie*. Potin. B.

258 **Agrippine jeune et Claude**. Buste d'Agrippine. ℞. Tête de Claude (3). Or. B. Rare. *Pl. VI.*

259 **Néron**. Tête à dr. ℞. IVPPITER CVSTOS. Jupiter assis à g. (120). Or. TB. *Pl. VI.*

260 PACE P. R. TERRA. MARIQ. PARTA JANVM CLVSIT SC. Temple de Janus fermé (154). GB. TB. *Pl. VII.*

261 *Interrègne*. Tête de femme. ℞. s c. Colombe (VIII. p. 268. 12). Tessère. Br. TB. *Pl. VI.*

262 **Néron et Poppée**. Tête radiée de Néron. ℞. Buste de Poppée *Alexandrie*. Pot. B.

263 **Galba**. Tête à dr. ℞. SPQR OB CS dans une couronne (286). Or. TB. *Pl. VI.*

264 — Même type. Denier. Arg. B.

265 Tête laurée à dr. ℞. PAX AVGVST SC. La Paix deb. (149). MB. Très belle pièce. Patine vert foncé. *Pl. VII.*

266 **Vitellius**. La Concorde (18). Arg. B.

267 **Vespasien**. Buste à dr. ℞. Titus et Domitien à cheval à dr. (538). Or. B. Rare. *Pl. VI.*

268 ivdea capta sc. Vespasien deb. devant un palmier auprès duquel
est assise la Judée en pleurs (234). GB. Très beau. Patine vert
foncé. Rare. *Pl. VII.*

269 **Titus.** Tête à dr. ℞. Trépied (321). Arg. Très beau. *Pl. VI.*

270 **Julie** (*fille de Titus*). Vénus deb. (14). Arg. AB. Rare.

271 Carpentum attelé de 2 mules. ℞. imp. caes. domit. etc. autour de
s.c. (9). GB. TB. Rare. *Pl. VII.*

272 **Domitien.** Tête à dr. ℞. cos iiii. Corne d'abondance (46). Or. TB.
Pl. VI.

273 cos v. Cavalier à dr. (49). Arg. Très beau.

274 Tête à g. ℞. s. c. Pallas combattant (435). GB. TB. Patine vert
foncé. *Pl. VIII.*

275 **Nerva.** La Liberté deb. à g. (113). Arg. TB.

276 Même type (107, 115). GB et MB. 2 p. B.

277 **Trajan.** Buste a dr. ℞. Cérès deb. à g. (65). Or. TB. *Pl. VI.*

278 Deniers variés (3, 9, 77, 80, 84). Arg. 5 p. TB.

279 — Autres (100, 120, 136, 529). Arg. 4 p. TB.

280 Buste à dr. ℞. L'Abondance deb. à g. (469). GB. TB.

281 Victoire deb. à g. tenant un bouclier portant spqr (640). MB.
Très beau. Patine brune. *Pl. VII.*

282 **Adrien.** Buste à dr. ℞. pm.trp.cos iii. Génie nu deb. à g. (1092).
Or. TB. *Pl. VI.*

283 Tête laurée à dr. ℞. africa. L'Afrique assise à g. (138). Arg. TB.
Rare. *Pl. VI.*

284 Buste à dr. ℞. nilvs. Le Nil (990). Arg. TB. Rare. *Pl. VI.*

285 hispania. L'Espagne (834). restitvtori hispaniae. Adrien et l'Espagne (1260). Arg. 2 p. B.

286 Buste lauré à dr. ℞. pm. trp. cos iii. Victoire assise à g. (1137).
Quinaire. Arg. Très beau. Rare. *Pl. VI.*

287 **Sabine.** Buste à dr. ℞. ivnoni reginae. Junon deb. à g. (46). Or.
TB. Rare. *Pl. VI.*

288 **Aelius.** Tête à dr. ℞. tr. pot cos. ii. pannonia. La Pannonie deb.
(24). GB. B. Rare.

289 **Antonin.** Buste à dr. ℞. tr. pot. cos iiii. Rome assise à g. (936).
Or. TB. *Pl. VI.*

290 Génie (405). La Paix (582 var.). Rome assise (696). La Piété
(1062). Arg. 4 p. TB.

291 **Faustine Mère.** Buste à dr. ℞. avgvsta. Diane deb. à g. (75). Or.
TB. *Pl. VI.*

292 aeternitas sc. L'Eternité assise à g. (15). GB. TB. *Pl. VIII.*

293 **Marc-Aurèle**. Buste lauré à dr. ℞. Victoire marchant à g. (883). Or. TB. *Pl. VI.*

294 SECVRIT. PVB TRP. XXX. IMP. VIII COS. III. SC. La Sécurité assise à g. (589). MB. Très jolie pièce. Patine vert-brun. *Pl. VII.*

295 **Faustine Jeune**. Buste à dr. ℞. IVNO S C. Junon deb. à g. (121). GB. TB. Patine vert foncé. *Pl. VIII.*

296 **Lucius Vérus**. Buste à dr. ℞. TRP IIII IMP II COS II. Victoire fixant un bouclier sur un palmier (248 var.). Or. TB. *Pl. VIII.*

297 **Lucille**. Buste à dr. ℞. VENVS S C. Vénus assise à g. (83). GB. TB Patine vert brun. *Pl. VIII.*

298 Diane (16). **Commode**. La Liberté (542). Arg. 2 p. B. et TB.

299 **Crispine**. Buste à dr. ℞. Autel (16). Arg. TB.

300 **Pertinax**. Buste à dr. ℞. Pertinax sacrifiant (56). Arg. B. Rare. *Pl. VIII.*

301 **Pescennius Niger**. IMP. CAES. C. PESC. NIGER IVSTVS AVG. COS. II. Tête laurée à dr. ℞. INVICTO IMP TRO. . (36). Arg. B. Très rare. *Pl. VIII.*

302 **Albin**. La Providence deb. à g. (58). Arg. TB.

303 FELICITAS COS. II SC. La Félicité deb. à g. (16). GB. TB. Rare. *Pl. VIII.*

304 **Septime Sévère**. Victoire (719). **Julia Domna**. Diane (106). **Caracalla**. Jupiter (279). Le Soleil (287). Sérapis (295). — Ens. 5 p. Arg. TB.

305 **Plautille**. Vénus (25). **Géta**. La Félicité (38). Arg. 2 p. Très belles.

306 **Macrin**. L'Abondance (47). Arg. TB. *Pl. VIII.*

307 **Diaduménien**. L'Empereur deb. (3). Arg. B. Rare.

308 **Elagabale**. Rome assise (127). **Julia Paula**. La Concorde (6). Arg. 2 p. TB.

309 **Aquilia Severa**. La Concorde (2). Arg. Très beau. Rare. *Pl. VIII.*

310 **Annia Faustina**. Son buste à dr. *Alexandrie*. POT. B. Rare.

311 **Julia Soemias**. Vénus (14). **Julia Maesa**. La Félicité (45). Arg. 2 p. TB.

312 **Alexandre Sévère**. Buste à dr. ℞. SPES PVBLICA S C. L'Espérance (547). GB. Très beau. Jolie patine vert-clair.

313 **Orbiane**. La Concorde assise (1). Arg. TB. *Pl. VIII.*

314 **Julia Mamea**. La Fécondité (6). **Maximin**. La Paix (31). La Providence (77). Arg. 3 p. TB.

315 **Maxime**. L'Empereur deb. à g. (10). Arg. TB. *Pl. VIII.*

316 **Balbin**. CONCORDIA AVGG. Mains jointes (3). Arg. TB. *Pl. VIII.*

317 **Pupien**. L'Empereur deb. à g. (29). Arg. Très beau. *Pl. VIII.*

318 **Gordien le Pieux** (86, 109, 121). **Philippe père**. (3, 9, 17, 39, 87).
— Ens. 7 p. Arg. TB.

319 FELICITAS IMPP (39). PAX FVNDATA CVM PERSIS. La Paix (113). Arg.
2 p. B. Rares.

320 **Otacilie** (4, 52). **Philippe fils** (17, 48). **Trajan Dèce** (16). **Etruscille**
(19). **Herennius** (26). **Hostilien** (34). — Ens. 8 p. Arg. TB.

321 **Trébonien Galle**. La Félicité (43). GB. TB. Patine vert foncé.

322 L'Eternité (11). **Volusien** (32, 95). Arg. 3 p. TB.

323 Volusien deb. à g. (102). GB. TB. Patine vert clair.

324 **Emilien**. Jupiter deb. à g. (17). Arg. TB. Rare.

325 **Valérien père**. Victoire (226) GB. Bon portrait. Patine brun vert

326 La Félicité (53). Victoire (230). **Mariniane**. Paon (2). — Ens. 3 p.
Bill. TB.

327 **Gallien**. VICTORIA GERM. SC. Victoire, (1167 var.). GB. TB. Patine
vert brun.

328 Deniers (308, 698, 1162, 1193, 1322). **Salonine**. (36, 39, 70, 115).
Bill. 9 p. B. et TB.

329 *Alexandrie*. Buste de Salonine. Pot. **Salonin**. *Alexandrie*. Pot.
Deniers (2, 5, 26, 41). Bill. — Ens. 6 p. B. et TB.

330 **Macrien**. Buste à dr. ℞. La Concorde (8). Bill. TB. Rare.

Pl. VIII.

331 **Quiétus**. Buste à dr. ℞. Jupiter (8). Bill. B. Rare.

332 **Postume**. (60, 144, 155, 185, 273, 295, 331, 350, 365, 377). Bill.
10 p. B. et TB.

333 Buste radié. ℞. Galère (177). MB. B.

334 **Lélian**. Buste à dr. ℞. Victoire (4). Bill. B. Rare. *Pl. VIII.*

335 **Victorin** (49, 101, 112, 118). Bill. 4 p. TB.

336 **Marius**. Victoire (18). Bill. TB. Rare.

337 **Tétricus père**. (17 var., 49, 104, 207). **Claude II**. (46, 281, 286).
Quintille. (39). PB. 8 p. TB.

338 **Aurélien**. (61, 95, 108, 117, 144, 153, 159, 220, 261). PB. 9 p. TB.

339 Aurélien donnant la main à Sévérine (35). MB. B.

340 **Sévérine**. IVNO REGINA. Junon (9). MB. TB.

341 **Tacite**. (90 var., 124). **Probus**. (36 var., 142, 256, 358, 488, 478,
509, 547, 567, 584, 617, 741, 926). PB. 15 p. TB.

342 **Carus**. (18). **Numérien**. (16, 57, 118). **Carin**. (8, 120, 179). PB. 7 p.
TB.

343 **Nigrinien**. DIVO NIGRINIANO. Buste à dr. ℞. CONSECRATIO. Aigle (2).
PB. TB. Rare. *Pl. VIII.*

344 **Dioclétien**. (4, 34, 85, 91, 201, 237, var. de 258-61, 298, 419). **Maximien Hercule**. (34, 162, 184, 438, 503, 516). MB. et PB. 15 p. TB.

345 **Allectus**. Galère (81). PB. B. Rare.

346 **Constance Chlore**. (70, 267 var., 271, 335). **Hélène** (12). **Galère Maximien**. (22, 40, 239). **Sévère II.** (7). **Maximin Daza** (40). MB. et PB. 10 p. TB.

347 **Maxence**. Tête laurée à dr. ℞. CONSERVATOR AFRICAE SVAE. L'Afrique deb. (46). MB. Très beau. Rare.   *Pl. VIII.*

348 (5 et var., 21, 136). **Romulus**. (7). **Licinius père**. (15, 74, 145) **Licinius fils**. (37). MB. et PB. 9 p. B. et TB.

349 **Constantin I**. (20, 26, 123, 294 var., 442, 454, 546, 584, 716, 760). *Constantinople* (21 var.). **Crispe**. (22, 126). MB. et PB. 13 p. TB.

350 **Fausta** (6). **Delmace** (9). PB. 2 p. TB.

351 **Hannibalien**. Buste à dr. ℞. L'Euphrate (2). PB. Rare.

352 **Constance II**. Buste diadémé et drapé à dr. ℞. GLORIA REIPVBLICAE. Rome assise de face et Constantinople à g. le pied sur une proue, tenant un bouclier sur lequel VOT XX MVLT XXX (108). Or. TB.

353 Buste casqué et cuirassé de face, tenant une haste et un bouclier. ℞. Même type avec VOT XXX MVLT XXXX (112). Or. TB.

354 Tête diadémée à dr. ℞. Même type avec MVLT XXXX (126). Or. TB.

355 **Julien II**. Buste barbu à dr. ℞. VIRTVS EXERCITVS ROMANORVM. Julien traînant un captif et portant un trophée (78). Or. TB.

356 **Valentinien I**. Buste à dr. ℞. Valentinien deb. (26). A l'ex. SM LVG. Sou d'or fr. à Lyon. TB.   *Pl. VIII.*

357 VOT X MVLT XX dans une couronne (75). Arg. Très beau.

358 **Valens**. Buste à dr. ℞. Rome assise (109). Arg. TB.

359 **Flavius Victor**. Buste à dr. ℞. Rome (6). Arg. TB.   *Pl. VIII.*

360 Lot de deniers de l'Empire Romain. Arg. 21 p. B. et TB.

361 Lot de bronzes. PB. MB. GB. 30 p. B.

MONNAIES GAULOISES [1]

362 **Massilia.** Tête imberbe à g. ℞. ᴍᴀ dans les rayons d'une roue.
Obole. Arg. TB. *Pl. IX.*
363 — Variétés du même type. Arg. 2 p. TB.
364 — Autre. Tête de Victoire ailée (?) Arg. TB.
365 — Autre. Barbe sur la joue. Arg. TB.
366 Buste d'Artémis à dr. ℞. Lion en arrêt à dr. Drachme. Arg. TB.
Pl. IX.
367 — Autres. Variétés du même type. Arg. 2 p. TB.
368 Variété. Lion marchant à dr. Drachme. Arg. B.
369 Tête d'Artémis à g. ℞. Lion à g. Drachme. Arg. TB.
370 *Imitation des monnaies Massaliotes* (par les Lemovices). Tête à
dr. ℞. Lion à dr. ; au-dessus, lampe ; dessous, épi (2252).
Drachme. Arg. TB. *Pl. IX.*
371 **Longostalètes.** Tête de Mercure. ℞. Trépied (2363). MB. Br.
B.
372 **Volcae Arecomici.** Tête à g. ℞. Cheval à g. PB. Br. TB.
Pl. IX.
373 Buste d'Artémis. ℞. ᴀʀᴇᴄ. Démos en toge (2677). Br. TB.
374 **Nemausus.** Sanglier (2698). Femme sacrifiant (2735). MB d'Auguste et Agrippa (2806). — Ens. 3 p. Br. B. et TB.
375 **Allobroges.** Tête d'Apollon. ℞. Chamois (2879). Arg. TB.
Pl. IX.
376 Tête de Pallas. ℞. Hippocampe (2924). Arg. TB.
377 **Vienna.** *César et Octave.* Têtes adossées. ℞. Proue (2943). GB. B.
378 **Volcae Tectosages.** Tête négroïde. ℞. Croix cantonnée de quatre
croissants recouvrant 3 points et un annelet (2986). Arg. TB.
379 — Même type varié. Arg. 5 p. B. et TB.
380 **Ruteni.** Tête à g. ℞. Sanglier (LT. *Volques* 3433). Arg. TB.
381 — Variété. La tête beaucoup plus grosse. Arg. TB.
382 **Elusates.** Tête informe. ℞. Cheval (3587). Arg. TB.
383 **Arverni.** *Epasnactus.* ᴇᴘᴀᴅ. Buste à dr. ℞. Guerrier (3900). Arg.
TB. *Pl. IX.*

---

[1] Les numéros entre parenthèses se rapportent à l'ouvrage de Muret : *Mon-naies gauloises de la Bibliothèque Nationale* et à l'atlas de M. H. de la Tour.

384 *Vergasillaunus.* VERCA. Buste à dr. ℞. Cheval (3943). Br. TB.
Pl. IX.

385 — Autre exemplaire de chacune des deux pièces précédentes.
Arg. et Br. 2 p. B.

386 **Bituriges Cubi.** Tête à g. ℞. Cheval (4097). Arg. TB.

387 **Petrocorii.** *Contoutos.* Tête de Marc-Antoine. ℞. Loup (4316).
Br. TB. *Pl. IX.*

388 — Autres exemplaires moins beaux. 3 p.

389 *Atectorix.* Tête à dr. ℞. Taureau (4349). Br. B. *Pl. IX.*

390 **Pictones.** *Viipotal.* Tête de Vénus. ℞. Guerrier (4484). Arg. TB.
Rare. *Pl. IX.*

391 **Santones.** *Arivos.* Tête à g. ℞. Cheval (4525). Arg. TB. *Pl. IX.*

392 **Aedui.** Tête à g. ℞. Aigle (5275). Pot. TB.

393 **Sequani.** *Q. Doci.* Tête à g. ℞, Cheval (5406). Arg. TB.

394 Tête barbare à g. ℞. Quadrupède. Pot. 5 p. TB.

395 **Type des Dioscures.** *Durnacos.* Tête de Pallas. ℞. Cavalier (5762).
Arg. TB. *Pl. IX.*

396 **Carnutes.** Tête à g. ℞. Cheval ; au-dessus, lion accroupi ; dessous,
triskèle (6023). Arg. TB. *Pl. IX.*

397 Tête à dr. ℞. Aigle, aiglon, serpent (6088). Br. Superbe.
Pl. IX.

398 — Autres exemplaires, un peu moins beaux. 2 p.

399 Tête de Vénus. ℞. Lion ailé (6337). Br. Superbe. *Pl. IX.*

400 **Aulerci Diablintes.** Tête à dr. ℞. Aurige (6502). Arg. TB.

401 **Osismii.** Tête à dr. ℞. Cheval androcéphale ; dessous, aigle atta-
quant un sanglier (6555). Statère. Bill. TB. *Pl. IX.*

402 **Curiosolitae.** Tête à dr. ℞. Cheval et aurige à têtes d'oiseau (6598).
Statère. Bill. TB.

403 — Variété du même type (6614). Statère. Bill. TB.

404 Cheval androcéphale à g. (6667 var.). Statère. Bill. TB.

405 Bige à dr. croix suspendue ; dessous, lyre (6684). Statère.
Bill. TB.

406 — Variétés des précédents. Statères. Bill. 5 p. B. et TB.

407 **Redones.** Tête à dr. ℞. Cavalier (6760). 1/4 statère. Or. TB.
Pl. IX.

408 Tête à dr. ℞. Cheval androcéphale à dr. et aurige ; dessous, roue
à 4 raies (6774). Statère. Bill. TB. *Pl. IX.*

409 **Baiocasses.** Tête d'Ogmius à dr. ℞. Cheval androcéphale à dr. ;
dessous, lyre (6985). Statère. Bill. TB.

410 — Autre. Même type. Statère. Bill. TB.

411 — Même type varié. Statère. Bill. B.

412 — Autre, de style varié. Statère. Bill. TB.
4r3 **Trouvaille de Jersey**. Statère au type Armoricain. Bill. TB.
414 — Autre exemplaire, varié. Bill. TB.
4r5 **Lot** de statères au type Armoricain. Bill. 10 p. B. et TB.
4r6 **Turones**. *Triccos*. Tête à dr. ℞. Cheval (6997). Br. TB.
Pl. IX.

417 *Cantorix*. Tête à g. ℞. Cheval (7011). Pot. TB. Rare. *Pl. IX.*
4r8 **Aulerci Eburovici**. Tête à g. ℞. Bige à dr. (7017). 1/2 statère. Or. TB. *Pl. IX.*
419 *Pixtilos*. Tête à dr. ℞. Griffon (7078). Br. B.
420 Cavalier à dr. (7081). Br. TB. *Pl. IX.*
42r Aigle sous un temple (7100). Br. TB. *Pl. IX.*
422 **Caletes**. Buste à g. ℞. Cheval à g. (7177). Arg. B.
423 *Ateula*. Buste ailé à g. ℞. Cheval à dr. (7191). Arg. TB.
Pl. IX.

424 **Veliocasses**. Personnage nu. ℞. Cheval (7276). Br. TB.
425 Tête à dr. ℞. Sanglier (7333). Br. B.
426 **Senones**. Tête barbare. ℞. Quadrupède. Pot. 4 p. TB.
427 **Bellovaci**. Tête à dr. ℞. Sanglier (7905). Pot. Très beau.
428 **Atrébates**. Tête dégénérée en forme de foudre. ℞. Cheval (8636). Pot. TB.
429 **Morini**. Cheval disloqué à dr. ℞. Lisse (8704 var.). Or. TB.
Pl. IX.

430 **Treviri**. Œil de profil. ℞. Cheval (8817). Or. TB. *Pl. IX.*
43r **Leuci**. *Matucinos*. Buste casqué à g. ℞. Cheval à g. (9203). Br. B.
432 Tête barbare. ℞. Sanglier ou taureau (9044, 9078, 9080, 9155). Pot. 5 p. B. et TB.
433 **Celtes**. *Imitation Pannonienne* du statère de Philippe de Macédoine. Bas argent. TB. *Pl. IX.*
434 Imitation du statère d'Audoléon. (Forrer. 328). Arg. TB.
Pl. IX.

435 Imitation du statère de Patraus de Paeonie. Arg. Très beau.
Pl. IX.
436 — Autre exemplaire varié. Arg. TB. *Pl. IX.*
437 *Imitation par les Celtes du Danube* de la drachme d'Alexandre (Forrer. 338). Arg. TB. *Pl. IX.*
438 — Autre exemplaire varié (F. 339). Arg. B. *Pl. IX.*
439 **Lot** de monnaies gauloises variées. Arg. et Br. 22 p. B.

MONNAIES MÉROVINGIENNES [*]

440 **Bannassac.** *Epoque de Sigebert.* Buste à dr. entre deux palmes.
℞. GAVALETANO F. Calice à deux anses ; au-dessous, BAH (Belfort
708). Or. TB. *Pl. IX.*

441 **Bordeaux.** *Maurolinus.* BVRDEGIALA. Tête à dr. ℞. + MAVROLEN.
Croix supportant un oméga renversé (1071 var.). Or. TB.
Pl. IX.

442 **Châlon-s/S.** *Wintrio.* + CAVILONNO ᴠIT. Buste à dr. ℞. WINTRIO
MON. Croix chrismée à g. accostée de C A (B. 1153). Or. TB.
Pl. IX.

443 **Dieuze** (Meurthe et Mlle). *Boccegildus.* DOSO VICOI + FATO. Buste à
dr. ℞. + BOCCIHIIDOMONITA. Croix cantonnée de globules et de
deux v (B. 1819). Or. TB. *Pl. IX.*

444 **Forez et Vivarais.** *Occupation Sarrazine.* NR EA. Buste à g. ℞.
Croix accostée de L U (B. 2335). Or. TB. *Pl. IX.*

445 **Noyen** (Sarthe). *Anelsilus.* NOIOMOCIV. Tête à dr. ℞. + AMELSILVS.
Croix ancrée cantonnée de 4 globules (B. 3236 var.). Or. TB.
Pl. IX.

446 **Reims.** *Filumarus.* RIMVS FIT. Buste à dr. ℞. FILVMARVS. Croix
chrismée à dr. accostée de Λ Ω (B. 3775). Or. TB. *Pl. IX.*

447 **Rodez.** *Vindimius.* Tête à dr. et losange. ℞. VENŒMIVS MNET. Monogr. (B. 3896 var.). Or. TB. *Pl. X.*

448 **Vic** (?) *Anglus*... FIT. Buste à dr. ℞. ANO M... Croix potencée sur
une base (Voir B. 4978-79 et Prou 1135). Or. TB. *Pl. X.*

449 **Provence.** *Anténor.* ANT en monogr. ℞. AR liés. (B. 290. Arles).
Arg. TB. *Pl. X.*

450 Même monogr. ℞. ARD en monogr. (B. 291. Arles). Arg. TB.

451 Même monogr. ℞. S M. (B. 6263. Marseille). Plus vraisemblable-
ment Vienne. Arg. B.

452 *Nemphidius.* Tête à dr. ℞. NIFIDIVS autour d'une croix (B. 2585.
Marseille). Arg. TB. *Pl. X.*

453 NF DVS autour d'un point sur un croissant (B. 2616). Arg. TB.

454 NEM... Croix chrismée coupant la légende (B. 2625). Arg. TB.

455 Buste à g. ℞. Même type (B. 2627). Arg. TB.

---

[*] Les numéros entre parenthèses se rapportent à l'ouvrage de A. de Belfort :
Description des Monnaies Mérovingiennes.

456 Buste à dr. ℞. ᴺꜰᴅꜱ en monogr. cruciforme (Voir B. 2628 et suiv.) Arg. TB.

457 ᴺᴇꜰ entre deux croix (B. 2646). Arg. TB.   *Pl. X.*

458 — Même type, ᴺᴇꜰ liés. Arg. TB.

459 Buste à g. ℞. ᴺ ᴇ dans un cercle. Arg. TB.

460 ᴺ entre quatre croisettes. Arg. TB.

461 ᴺ ᴇ liés surmontés d'une croix. (B. 2662). Arg. TB.   *Pl. X.*

462 Deniers variés. Arg. 3 p. B.

463 *Ansebert.* Buste à dr. ℞. ᴀɴꜱᴇʙᴇʀᴛ. (B. 2690). Arg. B. Rare.
                                                                 Pl. X.

464 ...ᴇᴅᴇʀ.. Dans le champ ᴍ (B. 2692 var.). Arg. TB. Rare.
                                                                 Pl. X.

465 Buste à g. ℞. ᴀɴꜱᴇ... Dans le champ ꜱ (B. 2708). Arg. TB.
                                                                 Pl. X.

466 *Anonymes.* ᴍ et croisette. ℞. Croix cantonnée de ᴏᴄᴀ (B. 2758).
    Arg. TB.   *Pl. X.*

467 — Variété de la précédente. Arg TB.

468 Tête à g. ℞. ᴍᴀꜱꜱɪʟɪᴀ dégénéré autour d'une croix (B. 2769). Arg.
    TB.   *Pl. X.*

469 Tête à dr. sur une croix. ℞. ᴄɴꜱ (B. 2770). Arg. B.

470 **Anglo-Saxons.** *Eanred.* + ᴇᴀᴅᴠɪɴɪ. Styca. Bronze. TB.

471 + ᴏʀᴅʀᴇᴅ. Styca. Bronze. TB.

472 *Aethelred II.* + ᴍᴏɴɴᴇ. Styca. Br. TB.

473 + ᴇɴᴅᴇɪʙᴇʀɴ. Styca. Bronze. TB.

MONNAIES CAROLINGIENNES [1]

474 **Charlemagne.** *Melle ou Médoc.* ᴄᴀʀᴏʟᴠꜱ. ℞. ᴍᴇᴅᴏʟᴠꜱ (ᴠɪɪɪ. 91).
    Arg. TB.   *Pl. X.*

475 *Saint Martin.* ꜱᴄɪ ᴍᴀʀᴛɪɴ. (X. 123). Arg. TB. Très rare. *Pl. X.*

476 *Bénévent.* Charlemagne et Grimwald. Triens. Or. TB. *Pl. X.*

477 **Louis le Débonnaire.** *Tours.* + ʜ ʟᴠᴅᴏᴠɪᴄᴠꜱ ɪᴍᴘ. ℞. ᴛᴠʀᴏɴᴇꜱ (xɪx.
    131). Arg. TB.   *Pl. X.*

478 **Venise.** + ᴠᴇɴᴇᴄɪᴀꜱ (xɪx. 140). Arg. TB.   *Pl. X.*

479 *Melle.* + ᴍᴇᴛᴀʟʟᴠᴍ (xᴠɪ. 70). *Denier au Temple* xᴘɪꜱᴛɪᴀɴᴀ ʀᴇʟɪɢɪᴏ.
    — Arg. 2 p. TB.

---

(1) **Les** numéros entre parenthèses se rapportent à l'ouvrage de Gariel : *Monnaies royales de France.*

480 **Charles le Chauve**. *Orléans* (xxi. 11 et xxxi. 164). Arg. 2 p. TB.

481 *Melle* (xxiii. 59). *Angers* (xxv. 9). *Curtisson* (xxxviii. 94). Arg. 3 p. TB.

482 *Rouen* (xxxiii. 207). *St Denis* (xxxiv. 219). Arg. 2 p. TB.

483 **Pépin II d'Aquitaine**. *Toulouse.* (xxxvii. 6). Arg. TB.   *Pl. X.*

484 **Louis II**. *Arles* (xxxvii. 2). Arg. TB.

485 **Louis III**. *Tours* (xxxviii. 5). Arg. TB. Rare.   *Pl. X.*

486 *Deniers au Temple.* (xliv. 36, 38). Arg. 2 p. TB.

487 **Carloman**. *Arles* (xxxix. 1). Arg. TB.   *Pl. X.*

488 **Charles le Gros**. *Arles*. CARLVS IMPERA. Croix. ℞. ＋ ＋ ARELA CIVIIS. Monogr. dégénéré (Voir G. xl. 10). Arg. TB.   *Pl. X.*

489 **Eudes**. *Angers, Blois* (xlvi. 4, 9). Arg. 2 p. TB.

490 *Limoges* (xlvii. 26), *Toulouse* (xlviii. 54). Arg. 2 p. TB.

491 **Robert**, *Tours* (xlviii. 3 var.). Arg. TB. Rare.   *P. X.*

492 **Charles III**. *Chinon.* ＋ CAINONCASITRO. Monog. ℞. ＋ TVRONES CIVITAS. Croix (xlix. 23 var.). Arg. TB.   *Pl. X.*

493 *Metz.* (l. 48). Arg. TB.   *Pl. X.*

494 *Strasbourg* (lii. 74). Arg. TB.   *Pl. X.*

495 **Raoul**. *Etampes* (liii. 20 var.). Arg. B. Rare.   *Pl. X.*

496 **Louis IV**. *Rouen* (lvi. 29). Arg. TB.   *Pl. X.*

497 **Lothaire**. *Denier au temple* (lix. 9). *Milan* lix. 21). Arg. 2 p. TB.

498 **Louis II**. *Strasbourg.* (lxi. 7). Arg. B.   *Pl. X.*

499 **Louis II** *et Angilberge* (lxi. 18). Arg. TB.   *Pl. X.*

500 **Carloman I** *de Bavière* lxii. 1). Arg. TB. Rare.   *Pl. X.*

501 **Anould**. *Mayence* (lxii. 1). Arg. B.

502 'renger I. *Milan* (lxv. 1). Arg. TB. Rare.   *Pl. X.*

503 gues et Lothaire. *Pavie* (lxv. 3). Arg. TB.   *Pl. X.*

50. 'enger II. *Vérone* (lxv. 4). Arg. TB. Rare.   *Pl. X.*

50: iri l'Oiseleur. Verdun (lxvi. 2). Arg. B.

5. lolphe III. *Lyon* (lxvii. 1). Arg. TB.   *Pl. X.*

5. ion I. *Pavie* (lxviii. 11). Arg. TB.

MONNAIES CAPÉTIENNES [1]

5o8 **Hugues Capet**. *Beauvais*. Hervé, évêque. Croix cantonnée de deux
points. ℞. Monog. (9). Denier. Arg. TB.

5o9 **Robert le Pieux**. *Paris*. ROTBERTVS. Dans le champ, REX. ℞. PARI-
SIVS CIVITAS. Croix (1). Denier. Arg. TB. Rare. *Pl. X.*

5ro **Henri I** ʳ. *Chálon sur Saône*. Croix composée de deux chrismes.
℞. Dans le champ, B (5). Denier. Arg. B. Rare. *Pl. X.*

5 r r **Philippe I**ᵉʳ. *Senlis* (21). *Dreux* (27 var.). Arg. 2 p. B. et TB.

5r2 **Louis VI**. *Pontoise* (6). *Orléans* (8 var.). Arg. 2 p. TB.

5r3 *Dreux* (16 var.). Denier. Arg. TB.

5r4 *Nevers* (22 var. Monnaie carolingienne de type immobilisé).
Denier en bas argent. TB.

5r5 **Louis VII**. *Bourges* (4). Denier. Arg. TB.

5r6 *Aquitaine*. + LODOICVS REX. Croix. ℞. DVX AQVITANIE en quatre
lignes (9). Denier. Arg. TB. *Pl. X.*

5r7 *Angoulême* (18). Denier. Arg. TB.

5r8 **Philippe II**. *Paris* (1). Denier parisis (3). Arg. 2 p. B.

5r9 **Louis IX**. *Agnel d'or*. Agneau pascal ; dessous. LVD' REX. ℞. Croix
dans un quadrilobe (1). Or. B. Rare. *Pl. XI.*

52o *Gros tournois* (9). *Denier parisis* (11). Arg. 2 p. TB.

52r **Philippe III**. *Masse d'or*. PHILIPP. DEI. GRA. FRACHORV. REX. Le roi
assis sur un trône entre deux fleurs de lis. ℞. Croix cantonnée
de quatre fleurs de lis (3). Or. TB. Rare. *Pl. XI.*

522 *Gros tournois* (5). *Denier tournois* (8). Arg. 2 p. TB.

523 **Philippe IV**. *Agnel d'or*. Agneau pascal ; dessous, PH'REX. ℞. Croix
dans une rosace (1). Or. TB. *Pl. XI.*

524 *Masse d'or*. + PHILIPPVS DEI : GRA : FRANCHORVM : REX. Le Roi assis
tenant un lis et un sceptre. ℞. XPC : VINCIT, etc. Croix dans une
rosace (4). Or. TB. Rare. *Pl. XI.*

525 *Gros tournois* (5). Arg. TB.

526 *Denier tournois* (16). *Maille tournois* (18). *Bourgeois fort* (26).
Bourgeois simple (28). *Maille bourgeoise* (30). Arg. 5 p. TB.

527 **Philippe V**. *Agnel d'or*. Sous l'agneau, PH'REX et un petit marteau
(1). Or. TB. Rare. *Pl. XI.*

---

(1) Les numéros entre parenthèses se rapportent à l'ouvrage d'Hoffmann
Monnaies Royales de France.

528 *Gros tournois.* Marteau après TURONVS (2). Arg. TB.

529 **Charles IV.** *Royal d'or.* KOL'REX.. FRA'. COR'. Sous un dais gothi-
que, le roi debout tenant un sceptre. ℟. + XP'C. VINCIT, etc.
Croix dans une rosace (2). Or. TB. *Pl. XI.*

530 *Gros tournois.* Variété avec KAROLVS (5). Arg. TB. Rare.
Pl. XI.

531 *Gros tournois* avec KHAROLVS (6 var.). Arg. TB.

532 *Maille blanche* (7, 9). Arg. 2 p. TB.

533 *Double parisis* (10 et variété). Arg. 2 p. B.

534 **Philippe VI.** *Royal d'or.* Le roi debout sous un dais. ℟. Croix
dans une rosace (1). Or. TB. *Pl. XI.*

535 *Parisis d'or.* + PHILIPPVS : DEI : GRA : FRANCHORVM : REX. Le Roi
tenant un sceptre et une main de justice, assis sous un dais
ogival, les pieds posés sur deux lions. ℟. + XPC, etc. Dans une
rosace, croix cantonnée de lis (2). Or. TB. Rare. *Pl. XI.*

536 *Ecu d'or.* Le Roi assis tenant un glaive et l'écu de France.
R'. + XPC :, etc. Croix dans une rosace (3). Or. Très beau.

537 *Lion d'or.* Le roi tenant deux sceptres, assis, les pieds sur un
lion. ℟. + XP'C :, etc. Croix dans une rosace (6). Or. TB.
Pl. XI.

538 *Pavillon d'or.* Le roi tenant un sceptre assis sous un pavillon
fleurdelisé. R. + XP'C :, etc. Croix dans une rosace (8). Or.
TB. *Pl. XI.*

539 *Double royal d'or.* Le roi tenant deux sceptres, assis sous un
dais. ℟. + : XP'C :, etc. Croix cantonnée de couronnes dans
une rosace (11). Or. TB. Rare. *Pl. XI.*

540 *Ange d'or.* Sous un dais, ange debout sur un dragon et tenant
une croix et l'écu de France, le tout dans une rosace.
℟. + XP'C., etc. Croix dans une rosace (12). Or. TB. Rare.
Pl. XI.

541 *Chaise d'or.* Le roi assis tenant le sceptre et la main. ℟. Croix
dans une rosace (14). Or. Très belle. *Pl. XI.*

542 *Gros parisis.* Croix cantonnée de deux lis. ℟. PARISIVS₀ CIVIS
ARGENTI. Sous une couronne, FRACO PHI. (19). Arg. TB.
Rare. *Pl. XII.*

543 *Gros à la queue* (22). *Gros à la couronne* (25). Arg. 2 p. B. et TB.

544 *Gros à la fleur de lis* (29). *Double parisis* (56). Bill. 2 p.
B. et TB.

545 *Maille poitevine.* Croix. ℟. Châtel ; dessous, P entre deux anne-
lets (54). Bill. TB. Rare. *Pl. XI.*

546 **Jean II le Bon**. *Mouton d'or*. Agneau pascal; dessous, ion'rex. R̂. Croix dans une rosace 3 . Or. TB.

547 *Royal d'or*. Le roi debout sous un dais. R̂. Croix arquée cantonnée de quatre lis 8. Or. TB.   *Pl. XII.*

548 *Franc à cheval en or*. Le roi, l'épée haute, au galop. R̂. Croix dans une rosace (10). Or. Très beau.   *Pl. XII.*

549 *Florin d'or*. +. s. iohannes. b. casque. St-Jean debout de face. R̂. + frantia. Lis (11). Or. TB.

550 *Gros tournois à la couronne*. 16 . Arg. TB.

551 *Gros blanc à la couronne*. 25. Bill. TB.

552 *Gros blanc à la couronne*. 28). Bill. B.

553 *Gros blanc a la fleur de lis*. 31. Bill. TB.

554 *Gros blanc*. R̂. Tours du châtel surmontées de trefles 35 . Bill. TB.

555 *Gros blanc dit Compagnon*. R̂. Châtel surmonté d'une fleur de lis (41). Bill. TB.

556 *Gros blanc à l'etoile*. Croix cantonnée de deux étoiles 44. Bill. TB.

557 *Gros blanc aux fleurs de lis*. Croix coupant la légende. R̂. Champ semé de sept fleurs de lis 46. Bill. B.

558 *Gros blanc à la fleur de lis dit Patte d'oie*. 49. Bill. TB.

559 **Charles V**. *Franc à pied en or*. Le roi debout tenant une épée et une main de justice. R̂. Croix dans une rosace 2. Or. TB.

560 *Franc à cheval en or*. Type du franc à cheval de Jean II. 4). Or. TB.

561 *Charles V. dauphin*. Florin d'or. + krol dphs. v. Lis. Or. TB.   *Pl. XII.*

562 *Gros tournois* (6). Arg. *Blanc aux fleurs de lis* 7. Bill. — Ens. 2 p. TB.

563 *Gros delphinal* (13). Bill. B.

564 *Gros delphinal* 14. Bill. TB.

565 *Petit dauphin* 16). Bill. TB.

566 *Denier dentillé du Dauphiné*. 17. Bill. TB.

567 *Charles V, dauphin*. Gros au châtel. Arg. TB.

568 **Charles VI**. *Ecu d'or*. Ecu couronné 1). Or. TB.

569 *Agnel d'or*. Agneau pascal ; dessous k. f. r x 3. Or. TB.

570 *Demi-heaume d'or*. Ecu de France, timbré d'un heaume couronné, dans une rosace. R̂. Croix cantonnée de lys dans une rosace (6). Or. TB. Rare.   *Pl. XII.*

571 *Gros dit Grossus*. 11). Bill. TB.

572 *Gros dit Grossus* (14). Bill. TB.

573 *Gros dit Florette*. c en fin de légende (17). Chinon. Bill. TB.

574 — Point sous la 4ᵉ lettre. Montpellier. Bill. TB.

575 — Autres, variées. Bill. 6 p. TB.

576 *Blanc guénar* (22). Romans. Bill. TB.

577 — Autres, variés. Bill. 7 p.

578 *Demi-blanc* (26). *Double tournois* (31). *Petit parisis*. (40). Bill. 3 p. B. et TB.

579 *Patard du Dauphiné*. (48). Bill. B.

580 *Gênes*. Patacchina (53). Arg. TB.   *Pl. XII.*

581 **Henri V d'Angleterre.** *Florette*. Trois lis sous une couronne, supportée par deux léopards. (7). Bill. TB.

582 *Demi-gros de Calais*. Tête de face. ℞. CALIS VILLA en légende intérieure. Arg. TB.

583 **Henri VI d'Angleterre.** *Salut d'or*. (St-Suaire). HENRICVS : DEI : GRA. FRACORV : AGLI : REX. Ecus de France et d'Angleterre ; derrière, la Vierge de 3/4, de face et l'ange de profil. (2). Dijon. Or. TB. Rare.   *Pl. XII.*

584 Variété. (Couronne). HENRICVS :, etc. L'ange de 3/4 de face (3). Paris. Or. Très beau.

585 — (léopard) HENRICVS :, etc. (3). Rouen. Or. Très beau.

586 *Blanc aux écus* (6). Le Mans. Bill. TB.

587 Autres. Paris, Rouen, Saint-Lô. Bill. 3 p. TB.

588 *Petit blanc aux écus*. (7). Bill. B.

589 *Demi-gros de Calais*. Tête de face. Arg. B.

590 **Charles VII.** *Agnel d'or*. Type de Charles VI. (1). Or. TB.

591 *Ecu d'or à la couronne*. Ecu de France accosté de deux lis couronnés. (2). Or. TB

592 Variété. (Couronne) même type (6). Tours. Or. TB.

593 — Mêmes types. Tournai. Or. TB.

594 — Mêmes types. Limoges. Or. TB.

595 — (B à la fin des légendes). Bourges. Or. TB.

596 (Croix et point). Mêmes types. Montpellier. Or. TB.

597 (Lis). Mêmes types. Tournai. Or. TB.

598 Variété. (Molette). Ecu d'or frappé à Saint-Quentin par Philippe le Bon. Or. TB. Rare.   *Pl. XII.*

599 *Demi-écu d'or*. Ecu couronné. ℞. Croix feuillue (8). La Rochelle. Or. TB.   *Pl. XII.*

600 *Royal d'or*. Le roi debout tenant le sceptre et la main. ℞. Croix dans une rosace (9). Tours. Or. Très beau.

601 Variété. Le manteau du roi est vairé. (10). St-Pourçain. Or. TB.
Pl. XII.

602 *Grande plaque.* Trois lis. ℞. Croix cantonnée des lettres FRAC.
(12). Bill. TB.

603 *Gros blanc dentillé* (15). Bill. B.

604 *Grand blanc au K.* (18). Montpellier. Bill. TB.

605 *Demi-blanc au K.* (19 var.). B en fin de lég. Bill. B.

606 *Gros de roi,* dit de Jacques Cœur (21). Bill. B.

607 Variété (22). Toulouse. Bill. TB.

608 *Grand blanc aux fleurs de lis.* (32). Bill. B.

609 *Gros dit Florette* (35). *Grand blanc aux trois fleurs de lis* (39).
Bill. 2 p. TB.

610 *Charles VII dauphin.* Gros. Bill. B.

611 *Gênes.* Gros. Portail génois. ℞. Croix (73). Arg. B. Rare.
Pl. XII.

612 **Louis XI.** *Ecu au soleil.* Ecu de France surmonté d'un soleil (1).
Bourges. Or. TB.

613 Mêmes types, P sur la croix du revers (3). Perpignan. Or. TB.
Rare. *Pl. XII.*

614 *Ecu à la couronne.* Ecu de France entre deux lis couronnés.
(4). Toulouse. Or. TB.

615 Mêmes types, P sur la croix du revers (6). Perpignan. Or. TB.
Rare.

616 *Ecu d'or pour le Dauphiné.* Champ écartelé de France-Dauphiné. ℞. Croix cantonnée de 2 lis et de 2 dauphins (manque
à H.). Or. TB.

617 *Blanc au soleil* (19, 19 var.) Bill. 2 p. TB.

618 **Charles VIII.** *Ecu d'or au soleil.* (2). La Rochelle. Or. TB.

619 *Demi écu d'or au soleil.* (5). Paris. Or. B. Rare.

620 *Ecu d'or au soleil pour la Bretagne.* Ecu accosté de deux
hermines couronnées (7). Nantes. Or. TB. *Pl. XII.*

621 *Ecu d'or au soleil pour le Dauphiné.* Champ écartelé de France-
Dauphiné. ℞. Croix fleurdelisée (8 var). Or. TB. mais tréflé.
Pl. XII.

622 *Douzain de Bretagne* (13). *Carolus* (19). Bill. 2 p. TB.

623 *Carolus pour le Dauphiné.* (22). *Carolus pour la Bretagne* (23).
Bill. 2 p. B. et TB.

624 *Hardi pour la Bretagne* (37). *Liard au dauphin pour la Bretagne*
(39). Bill. 2 p. B. et TB.

625 *Liard au dauphin* (40). Bill. TB.

626 *Sulmona*. Cavallo (68). Cuivre. TB.

627 *Chieti*. Cavallo (78). Cuivre. TB.

628 *Ortona*. Cavallo. (80). Cuivre. TB. Rare.   *Pl. XII.*

629 **Louis XII.** *Ecu d'or au soleil.* (lis couronné. Ecu de France surmonté d'un soleil. ℞. Croix fleurdelisée (1). Lyon. Or. TB.

630 — Autre. Même type. Paris. Or. TB.

631 — Autre. B final. Bourges. Or. TB.

632 — Autre. St-André de Villeneuve. Or. TB.

633 — Autre. Même type varié. Bayonne. Or. TB.

634 *Ecu d'or au soleil pour la Provence.* Ecu de France couronné surmonté d'un soleil. ℞. Croix fleurdelisée. A final (3). Aix. Or. TB.   *Pl. XII.*

635 *Ecu d'or aux porcs-épics.* Ecu accosté de deux porcs-épics (6). Or. TB.

636 — Autre. Même type. Bordeaux. Or. TB.

637 *Ecu d'or au porc-épic pour la Bretagne.* Ecu accosté de deux hermines couronnées ; dessous, un porc-épic (9). Or. TB.

638 *Ecu d'or au soleil pour le Dauphiné.* Champ écartelé de France-Dauphiné. ℞. Croix fleurdelisée (manque à H). Or. TB.

Pl. XIII.

639 *Gênes*. Ecu d'or au soleil. Ecu de France surmonté d'un soleil. ℞. Croix fleurdelisée (104). Or. TB.   *Pl. XII.*

640 *Naples*. Ducat d'or. LVDO. FRAN. REGNIQ. NEAPR. Buste couronné de Louis XII. ℞. + PERDAM BABILLONIS NOMEN. Ecu de France couronné (76). Or. B. Très rare.   *Pl. XII.*

641 *Sizain*. Ecu dans une rosace. ℞. Croix cantonnée d'un lis et d'une couronne (27). Bill. TB.

642 *Douzain du Dauphiné* (32 var.). Bill. TB.

643 *Douzain au porc-épic* (33). Bill. TB.

644 *Asti*. Parpaillole. (lis) LVDOVICVS. D. G. FRANCOR. REX. Porc-épic à g. sous une couronne. ℞. (Lis) MLI. DVX. ASTENSIS. QVE. DNS. Ecu de France (59). Arg. TB. Rare.   *Pl. XIII.*

645 *Naples*. Carlin. LVD. FRAN. REGNIQ. NEAP. R. Le roi assis de face. ℞. EXVLTENT ET IME LETENTUR ONS. Croix fleurdelisée (77). Arg. TB. Rare.   *Pl. XIII.*

646 *Aquila*. Sestino (78). Cuivre. TB.

647 *Milan*. Gros. Ecu de France accosté de deux lis. ℞. St Ambroise (92). Arg. TB. Rare.   *Pl. XIII.*

648 Bisonne. Guivre entre deux lis. ℞. Pallium sous une couronne (93). Arg. B.

649 Demi-parpaillole (96). Bill. TB.

65o Demi-parpaillole (97). Bill. B.

651 Trillina (99). Bill. B.

652 *Gênes.* Teston + LVDOVIC. XII. REX. FRANCOR. IA. D. Ecu de France.
℞. + : COMVNITAS. JANVE. A. C : Entre deux étoiles, portail surmonté d'une croix (115). Arg. TB. Rare.   *Pl. XIII.*

653 **François I**ᵉʳ. *Ecu d'or au soleil.* Croix cantonnée de deux F couronnés (2). Lyon. Or. Très beau.

654 — Croix cantonnée de deux F et deux lis (4). Lyon. Or. TB.

655 — Même type. Etoile sous les 4ᵉˢ lettres. Montpellier. Or. TB.

656 *Demi-écu d'or au soleil* (5). Toulouse. Or. B. Rare.

657 *Ecu d'or à la croisette* (12). Toulouse. Or. TB.

658 — Autre. Bordeaux. Or. TB.

659 *Ecu d'or du Dauphiné.* Champ écartelé de France-Dauphiné. ℞.
Croix fleurdelisée (19). Romans. Or. TB.

660 — Même type. Crémieu. Or. TB.

661 La croix cantonnée de deux F couronnés (20). Grenoble. Or.
TB.

662 La croix cantonnée de deux couronnes (21). Crémieu. Or. TB.

663 Croix cantonnée d'un F couronné ef d'un dauphin (22). Grenoble.
Or. TB.

664 Croix cantonnée de deux dauphins (23). Romans. Or. TB.

665 *Ecu d'or de Bretagne.* Ecu accosté d'un F et d'une hermine couronnés (25). Or. TB.

666 *Teston.* Buste à dr. ℞. NO NOBIS, etc. Ecu accosté de deux F couronnés (42). Lyon. Arg. Très beau.

667 Buste avec manteau de fourrure. ℞. Identique au précédent (47).
Arg. TB.   *Pl. XIII.*

668 *Teston du Dauphiné.* NO : NOBIS : etc. Champ écartelé de France-
Dauphiné (52). Crémieu. Arg. TB.

669 Autre, SIT NOMEN... etc. (53). Romans. Arg. TB.

67o Ecu écartelé de France-Dauphiné (56). Grenoble. Arg. TB.
          Pl. XIII.

671 *Teston.* Ecu dans une rosace (59). Rouen. Arg. B.

672 *Demi-teston.* Même type (62). Rouen. Arg. B.

673 *Teston.* Type analogue (63 var.). Tours. Arg. B. Rare.
          Pl. XIII.

674 *Demi-teston.* Sous le buste B. ℞. Sous l'écu B (65 var.). Rouen.
Arg. TB.   *Pl. XIII.*

675 Buste barbu, radié. ℞. Ecu dans une rosace (81). Lyon. Arg. TB.
Pl. XIII.

676 *Demi-teston.* Même type (82). Lyon. Arg. TB.

677 *Teston.* Buste barbu, couronné. ℞. Ecu accosté de deux F (88).
Rouen. Arg. TB.

678 *Douzain de Bretagne* (97). Bill. TB.

679 *Douzains du Dauphiné* (100, 109). Bill. 2 p. TB.

680 *Dizain à l'F* (101). Bordeaux. Bill. TB.

681 *Douzain aux salamandres* (105 var.). Bordeaux. Bill. TB. Rare.

682 *Douzain à la croisette* (108). Lyon. Bill. TB.

683 Même type (108). *Double tournois* (112). Bill. 2 p. fr. à Turin
par G. Tat. TB.

684 *Douzain du Dauphiné.* Grenoble, 1548, par P. Guérin. Bill. TB.

685 *Milan.* Demi-gros (137). Arg. AB. Rare.   *Pl. XIII.*

686 Trillina. F couronné (138). Bill. TB.

687 *Gênes.* Demi-teston. Portail génois surmonté d'un lis. ℞. Croix
(153). Arg. TB. Rare.   *Pl. XIII.*

688 **Henri II.** *Double Henri d'or.* Buste cuirassé. ℞. DVM. TOTVM. COM-
PLEAT. ORBEM. 1557. Croix de quatre H couronnés cantonnée de
deux lis et de deux croissants (26 var.). Rouen. Or. TB.
Pl. XIII.

689 *Demi-Henri d'or.* Type analogue (voir H. 25). Rouen. Or. AB.
Rare.

690 *Henri d'or.* Même type. La croix cantonnée de 4 lis (manque à
H). Bordeaux. Or. B.   *Pl. XIII.*

691 *Teston et demi-teston.* Buste couronné (32, 34). Bayonne. Arg.
2 p. TB.

692 *Teston au moulin.* Buste lauré à dr. ℞. Ecu de France (40).
Paris, 1554. Arg. TB.   *Pl. XIII.*

693 Buste cuirassé à dr. ℞. Ecu de France accosté de deux H couronnés (44 var.). Teston fr. au moulin de Troyes, 1552. Arg.
TB. mais rayé. Très rare.   *Pl. XIII.*

694 Tête laurée à dr. ℞. Ecu de France (52). Paris. Arg. TB.
Pl. XIII.

695 Buste lauré, cuirassé (57). Paris, 1554. Arg. TB.   *Pl. XIV.*

696 *Demi-teston au moulin.* Même type (58). Paris, 1554. Arg. TB.
Pl. XIV.

697 *Teston.* Buste lauré et cuirassé. ℞. Ecu de France entre deux H
couronnés (59). Paris, 1553. Très beau.   *Pl. XIII.*

698 Variété (62). Bordeaux, 1559. Arg. TB.

699 Variété (65). Toulouse, 1555. Arg. TB.

700 — *Demi-teston*. Même type (66). Toulouse, 1556. Arg. TB.

701 *Gros de Nesle* (70). Paris, 1550. Bill. TB.

702 *Douzains aux croissants* (74). Paris, Poitiers, Bordeaux, Troyes, Grenoble. Bill. 5 p. TB.

703 **François II.** *Gros d'Écosse*. Ecu de France et d'Ecosse accosté de + — X. ℞. FM, accostés d'un lis et d'un chardon (3). 1560. Arg. TB. *Pl. XIV.*

704 **Charles IX.** *Henri d'or* au buste d'Henri II (24). Rouen, 1561. Or. TB. *Pl. XIV.*

705 *Ecu d'or au soleil* (1). La Rochelle. Or. TB.

706 — Autre. Rouen, 1566. Or. TB.

707 — Autre. Paris, 1566. Or. TB.

708 *Demi-écu d'or au soleil*. CAROLVS VIIII (2). Rouen, 1567. Or. TB.

709 Variété. CAROLVS IX. Rouen, 156... Or. TB.

710 *Teston* (10). Bordeaux, 1567. Arg. TB.

711 *Demi-teston* (13). Toulouse. 1563. Arg. TB.

712 *Teston* (18). Limoges, 1562. Arg. TB.

713 *Teston Morveux*. Buste lauré à dr. ; dessous A o liés (20). Frappé à Orléans par les Huguenots. Arg. TB. Rare. *Pl. XIV.*

714 *Double sol parisis* (31). Bordeaux, 1571. *Sol parisis* (43). Paris. 1565. Bill. 2 p. TB.

715 **Henri III.** *Ecu d'or aux H couronnés*. HENRICVS. III. D. G. FRAN. ET. POL. REX (ancre). Croix. ℞. (soleil) SIT. NOMEN, etc., 1578. Ecu couronné, accosté de deux H couronnées (2). Bayonne. Or. TB. Rare. *Pl. XIV.*

716 *Ecu d'or au soleil* (4 var.). Troyes, 1578. Or. TB.

717 Variété. (6 var.). Toulouse, 1578. Or. TB.

718 *Teston*. Buste à dr. avec fraise. ℞. Ecu accosté de deux H couronnés (7). Bordeaux, 1575. Arg. TB.

719 *Demi-teston*. Même type (10). Bordeaux, 1575. Arg. TB.

720 *Demi-franc*. Buste du roi à col rabattu. ℞. Croix de quatre fleurons (23). Poitiers, 1587. Arg. TB.

721 *Franc*. Buste du roi avec fraise. Même type (25). Toulouse, 1583. Arg. TB.

722 *Quart d'écu* (29). St Lô, 1587. Arg. TB.

723 *Gros de Nesle* (36). Lyon, 1580. *Douzain* (42). Poitiers, 1576. *Liard au St-Esprit* (48). Lyon, 1586. Bill. 3 p. TB.

724 **Charles X, cardinal de Bourbon.** *Ecu d'or au soleil* (1). Paris, 1592. Or. TB.

725 *Quart d'écu* (8). Rouen, 1590. Arg. TB.

726 *Huitième d'écu* (10). Paris, 1591. Arg. TB.

727 *Demi-franc* au buste de Henri III fr. à St-Lizier, 1590. Arg. B.

728 *Douzain* (12). Amiens, 1594. Bill. TB.

729 **Henri IV.** *Ecu d or au soleil* (5). Rouen, 1607. Or. TB. Rare.
        Pl. XIV.

730 *Demi-écu d'or.* Même type (6 varié). Paris, 1600. Or. B. Rare.
        Pl. XIV.

731 *Quart d'écu* (27). Bordeaux, 1590. Arg. TB.

732 *Quart d'écu Dauphiné* (26). Grenoble, 1602. Arg. Arg. TB.

733 *Quart d'écu de Navarre* (29). 1600. *Huitième d'écu de Navarre*
    (31). 1603. Arg. 2 p. TB.

734 *Quart d'écu de Béarn et Navarre* (32). Arg. TB.

735 *Demi-franc.* HENRICVS, etc. Buste à dr. ℞. + SIT, etc. H sur une
    croix de quatre fleurons (36). St-Lô, 1592. Arg. TB.

736 — Même type varié (38). Bordeaux, 1593. Arg. TB.

737 *Quart de franc.* Même type varié (39). Rouen, 1603. Arg. B.
    Rare.

738 *Demi-franc* Buste lauré et cuirassé ; derrière la tête, une fleur de
    lis. (45). Villeneuve, 1603. Arg. TB.   *Pl. XIV.*

739 *Piéfort du quart de franc.* Sur la tranche PERENNITATI. PRINCIPIS.
    GALLIÆ. RESTITVTORIS (54). Paris, 1607. Arg. TB. Rare.
        Pl. XIV.

740 *Essai du douzain.* Ecu de France entre deux H. ℞. SIT. NOMEN, etc.
    Croix échancrée cantonnée de deux couronnes et de deux H.
    Tranche cannelée (60). Paris. Bill. TB. Rare.   *Pl. XIV.*

741 **Louis XIII.** *Ecu d'or.* Ecu couronné. ℞. Croix fleuronnée (1).
    St-Lô, 1616. Or. TB. Rare.   *Pl. XIV.*

742 ℞. Croix tortillée et fleurdelisée (6 varié). Paris, 1615. Or. TB.

743 — Mêmes types (6). Rouen, 1634. Or. TB.

744 — Même type, petit module. Paris, 1642. Or. TB.

745 *Demi-écu d'or.* Mêmes types (9). Amiens, 1636. Or. B.

746 *Ecu d'or du Dauphiné.* Champ écartelé de France-Dauphiné. ℞.
    Croix fleurdelisée (10). Grenoble, 1642. Or. TB. Très rare.
        Pl. XIV.

747 *Double louis d'or.* Tête laurée ; dessous, 1640. ℞. Croix formée
    de huit L couronnés, cantonnée de quatre lis (20). Paris. Or.
    TB.   *Pl. XIV.*

748 — Variété. 1640 en petits chiffres. Or. TB.

749 *Louis d'or.* Même type, mèche longue (22). **Paris**, 1641. Or. TB.

750 — Variété. La couronne de laurier n'a pas de baies. Or. TB.

751 *Demi-louis d'or*. Type du précédent (24). Paris, 1641. Or. TB.

752 — Variété. Couronne avec baies. Or. TB.

753 *Quart d'écu*. LVDOVICVS, etc., du côté de la croix (30). Bordeaux, 1642. Arg. TB.

754 — LVDOVICVS du côté de l'écu (43). Amiens, 1642. Arg. TB.

755 *Huitième d'écu* (46). St-Lô, 1642. Arg. TB.

756 *Demi-franc*. Buste enfantin, lauré, fraisé. R). Croix de quatre fleurons ; L, au centre (60). St-Lô, 1615. Arg. TB.

757 Même type, mais la tête est nue (62). St-Lô, 1616. Arg. TB.

758 *Quart de franc*. Buste enfantin, lauré, fraisé (manque à H). Rouen, 1615. Arg. B.

759 *Louis d'argent de 3o sols*. Buste lauré, drapé à dr. R). Ecu de France (88). Paris, 1642. Arg. TB.

760 *Louis d'argent de 6o sols*. Buste lauré à dr. avec cuirasse et draperie. R). Ecu de France (91). Paris, 1642. Arg. TB.

761 *3o sols* (94). Paris, 1643. Arg. TB.

762 *15 sols* (97). *5 sols* (100). Paris, 1643. Arg. 2 p. TB.

763 *15 sols* (97). Lyon, 1643. Arg. TB. Rare.

764 *Essai du douzain*. + LVDOVICVS. XIII, etc. 1618. R). Croix cantonnée de deux L et de deux couronnes (108). Paris. Bill. TB. Rare. *Pl. XIV*.

765 *Piéfort du double tournois*. Buste enfantin, lauré et cuirassé. R). Trois lis (voir H. 121). Toulouse, 1627. Cuivre. TB. Rare.

766 *Piéfort inédit du denier tournois*. Même buste varié. R). Deux lis et un A (voir H. 123). Paris, 1618. Cuivre. FDC. Très rare. *Pl. XIV*.

767 **Louis XIV**. *Ecu d'or au soleil*. Ecu couronné. R). Croix tortillée, fleurdelisée (1). Amiens. 1645. Or. TB.

768 — Même type. Montpellier, 1644. Or. TB.

769 Variété. Petit module (1 varié). Paris, 1646. Or. TB.

770 *Louis d'or* à la mèche courte. Tête enfantine laurée à dr. R). Croix de huit L (6). Paris, 1644. Or. Très beau.

771 — Autre. Même type. Lyon, 1650. Or. TB

772 *Demi-louis d'or*. Même type (8). Paris, 1645. Or. TB. *Pl. XIV*.

773 *Louis d'or* à la mèche longue (12). Paris, 1653. Or. TB.

774 — Même type. Saint-Lô, 1654. Or. TB.

775 — Même type. Arras, 1648. Or. TB.

776 — Autre. Arras, 1651. Or. TB

777 — Autre. Arras, 1653. Or. TB.

778 *Demi-louis d'or*. Même type (13). Paris, 1652. Or. TB.
Pl. XIV.

779 *Lis d'or*. LVDOVIC. XIIII, etc. Croix formée de quatre lis couronnés cantonnée de quatre lis. ℞. DOMINE. ELEGISTI. LILIVM. TIBI. L'écu de France soutenu par deux anges. A l'ex. : 1656 (20). Paris. Or. TB. Rare.
Pl. XIV.

780 *Louis d'or à la tête juvénile*. Tête laurée à dr. ℞. Croix de huit L (22). Paris, 1668. Or. Très beau.
Pl. XIV.

781 Buste varié (22 var.). Bayonne, 1672. Or. TB.
Pl. XV.

782 Type analogue, mais la tête n'est pas laurée (24). Paris, 1668. Or. TB.

783 Variété (26). Pau, 1680. Or. TB.
Pl. XV.

784 Tête laurée à dr. ℞. Croix de huit L (manque à H). Paris, 1689. Or TB. Rare.
Pl. XV.

785 — Autre exemplaire. Lyon, 1687. Or. B. Rare.

786 *Double louis d'or*. Tête laurée à dr. ℞. Ecu de France (28). Rennes, 1690. Or. Très beau.
Pl. XV.

787 — Autre exemplaire moins beau. Paris, 1690.

788 *Louis d'or*. Même type (29). Rouen, 1692. Or. Très beau.

789 — Autre. Lyon, 1690. Or. TB.

790 — Autre. Tours, 1691. Or. TB.

791 — Autre. Montpellier, 1690. Or. TB.

792 — Autre. Aix, 1690. Or. TB.

793 *Demi-louis d'or*. Même type (30). Poitiers, 1691. Or. TB.
Pl. XV.

794 — Autre, moins beau, surfrappé sur un 1/2 louis de 1647.

795 *Double louis d'or*. Tête laurée à dr. ℞. Quatre lis couronnés en croix cantonnés de quatre L (32). Bordeaux, 1695. Or. TB.
Pl. XV.

796 — Autre, un peu moins beau. Paris.

797 *Louis d'or*. Même type (33). Dijon, 1676. Or. TB.

798 — Autre. Limoges, 1694. Or. TB.

799 — Autre. Lyon, 1695. Or. TB.

800 — Autre. Strasbourg, 1695. Or. TB.

801 *Demi-louis d'or*. Même type (34). Rouen. Or. TB. Traces de surfrappe.

802 *Louis d'or aux insignes*. Tête laurée à dr. ℞. Croix de huit L brochant sur le sceptre et la main (36). Lyon, 1701. Or. TB.

803 — Autre, un peu moins beau. Paris, 1701.

804 *Demi-louis d'or*. Même type (37). Toulouse, 1702. Or. TB.
Pl. XV.

805 *Demi-louis d'or aux insignes.* Quatre lis en croix sur le sceptre et la main (40). Paris, 1704. Or. TB. *Pl. XV.*

806 *Double louis d'or au soleil.* Tête laurée à dr. ℞. Croix de huit L couronnés ; au centre, soleil (41). Bayonne. 1711. Or. TB. *Pl. XV.*

807 *Louis d'or.* Même type (42). Amiens, 1711. Or. TB.

808 — Autre. Lyon, 1710. Or. TB.

809 — Autre, un peu moins beau. Paris, 1711. Or.

810 *Demi-louis d'or.* Même type (43). Besançon, 1710. Or. TB. *Pl. XV.*

811 *Quart d'écu* (44). Bordeaux, 1645. *Huitième d'écu* (45). St-Lô. 1644. Arg. 2 p. TB.

812 *Écu blanc.* Buste enfantin, mèche courte. ℞. Ecu couronné (55). Paris, 1644. Arg. Très beau.

813 *Piéfort du douzieme d'écu.* Même type, sur la tranche + PONDERE SANCTVARII (65). Paris, 1644. Arg. TB. Rare. *Pl. XV.*

814 *Trente deniers* (69). Paris, 1644. Arg. TB.

815 *Quinze deniers* (70). Paris, 1644. Arg. FDC. *Pl. XIV.*

816 *Ecu blanc.* Buste enfantin, mèche longue. ℞. Ecu couronné (74). Bordeaux, 1649. Arg. TB.

817 *Demi-écu blanc* (76). Bordeaux, 1657. *Quart d'écu blanc* (77). Bordeaux, 1647. *Douzième d'écu blanc* (78). Bordeaux. 1653. Arg. 3 p. B. et TB.

818 *Douzième d'écu du Dauphiné.* Buste juvénile. ℞. Ecu écartelé de France-Dauphiné (99). Grenoble, 1660. Arg. Très beau. Rare. *Pl. XV.*

819 *Demi-écu blanc.* Buste juvénile (103). Lyon, 1669. Arg. TB.

820 *Douzième d'écu.* Même type (105). Rouen, 1659. Arg. Tres beau.

821 *Ecu de Navarre-Béarn.* Buste juvénile. ℞. Ecu parti de France-Navarre-Béarn (109). 1664. Arg. TB.

822 *Ecu du Parlement.* Buste drapé, cuirassé avec cravate brodée. ℞. Ecu couronné (113). Rouen, 1680. Arg. TB.

823 *Demi-écu.* Même type (114). Rouen, 1680. Arg. TB.

824 *Ecu aux 8 L.* Buste à dr. ℞. Huit L couronnés, en croix (133). Rennes, 1692. Arg. TB.

825 *Demi-écu aux huit L* (134) Bordeaux. 1691. *Quart d'écu aux huit L* (135). Tours, 1691. Arg. 2 p. TB.

826 *Ecu aux palmes.* Buste cuirassé à dr. ℞. Ecu couronné cerné de deux palmes (140). Rouen. 1694. Arg. TB.

827 *Ecu aux huit L.* Buste cuirassé. ℞. Huit L en croix, cantonnés de quatre lis ; au centre. trois lis (74). Rennes, 1705. Arg. TB.

828 *Demi-écu aux huit L* (175). Rouen, 1704. Arg. TB.

829 *Ecu aux trois couronnes.* Buste cuirassé à dr. ℞. Trois couronnes
cantonnées de trois lis (187). Bordeaux, 1711. Arg. Très beau.

830 *Demi-écu aux trois couronnes.* Même type (189). Tours, 1711.
Arg. Très beau.

831 *Barcelone.* Menut (267). 1646. Cuivre. TB.

832 *Vingt sols.* Fr. par M. de Surville. Siège de Tournai. Arg. TB.

833 **Louis XV.** *Louis d'or aux insignes.* Buste enfantin à dr. ℞. Ecu
ovale sur le sceptre et la main de justice (4). Troyes, 1716. Or.
B. Rare.   *Pl. XV.*

834 — Autre. TB, mais légendes confuses par suite de surfrappe.

835 *Double louis d'or de Noailles.* Buste enfantin couronné.
℞. Quatre écus couronnés en croix (6). Paris, 1717. Or. TB.
                                                             Pl. XV.

836 *Louis d'or de Noailles.* Même type (8). Paris, 1717. Or. TB.
Très rare.   *Pl. XV.*

837 *Demi-louis d'or de Noailles.* Même type (8). Paris, 1717. Or.
TB. Très rare.   *Pl. XV.*

838 *Louis d'or à la croix de Malte.* Buste enfantin lauré à dr.
℞. Croix de Malte ; au centre, trois lis (9) Paris, 1718. Or. TB.

839 — Autre. Caen, 1718. Or. TB,

840 — Autre. Troyes, 1718. Or. TB.

841 *Louis d'or aux deux L.* Buste enfantin lauré à dr. ℞. Deux L
adossés entre trois lis (11). Troyes, 1722. Or. Très beau.
                                                             Pl. XV.

842 *Double louis d'or mirliton.* Buste enfantin lauré à dr. ℞. Deux
L enlacés, cernés de palmes, sous une couronne (13). Paris,
1724. Or. TB. Rare.   *Pl. XV.*

843 *Louis d'or mirliton.* Même type (14). Bordeaux, 1724. Or.
Très beau.

844 — Autre. Limoges, 1723. Or. Très beau.

845 — Autre. Rouen, 1723. Or. TB.

846 — Autre. Strasbourg, 1723. Or. TB.

847 *Louis d'or aux lunettes.* Buste jeune à g. ℞. Ecus ovales de
France et de Navarre sous une couronne (16). Paris, 1726.
Or. TB.

848 — Autre. Pau, 1733. Or. TB.

849 *Demi-louis d'or aux lunettes.* Même type (17). Paris, 1726.
Or. TB.

850 *Double louis d'or au bandeau.* Buste à g. les cheveux ceints d'un
    ruban. ℞. Ecus ovales sous une couronne (18). Metz, 1751.
    Or. TB.
851 — Autre. Strasbourg, 1745. Or. TB.
852 *Louis d'or au bandeau.* Même type (19). Bayonne, 1742.
    Or. TB.
853 *Demi-louis d'or au bandeau.* Même type (20). Troyes, 1753.
    Or. TB.
854 *Double louis d'or à la tête vieille.* Tête laurée à g. ℞. Semblable
    au précédent (21). Lyon, 1774. Or. TB. Rare.   *Pl. XV.*
855 *Louis d'or à la tête vieille.* Même type (22). Paris, 1772. Or. TB.
    Traces de soudure au revers.
856 *Ecu vertugadin.* Buste enfantin drapé. ℞. Ecu rond couronné
    (26). Bordeaux, 1716. Arg. TB.
857 *Demi-écu vertugadin.* Même type (28). Bordeaux, 1716. Arg. TB.
858 *Petit louis d'argent* (33). Paris, 1720. *Livre d'argent* (84). Paris,
    1720. Arg. 2 p. TB.
859 *Ecu de Navarre.* Buste à dr. ℞. Ecu de France Navarre (34).
    Bordeaux, 1718. Arg. Très beau.
860 *Demi-écu de Navarre* (35). Paris, 1718. *Vingt sols de Navarre*
    (38). Bordeaux, 1720. *Dix sols de Navarre* (39). Paris, 1719.
    Arg. 3 p. TB.
861 *Ecu de France* (40). Tours, 1721. Arg. TB.
862 *Tiers d'écu de France* (42). Rouen, 1721. *Sixième d'écu de*
    France (43). Grenoble, 1722. Arg. 2 p. TB.
863 *Ecu aux huit L* (45). Amiens, 1725. Arg. Très beau.
864 *Demi-écu aux huit L* (46). Rouen, 1725. TB.
865 *Ecu aux lauriers* (50). La Rochelle 1727. Contremarqué 40 Bz
    pour Berne. Arg. TB.
866 *Demi-écu aux lauriers* (51). Lyon, 1727. Arg. TB.
867 *Essai de l'écu au bandeau.* Buste à g. les cheveux ceints d'un
    ruban. ℞. Ecu ovale entre deux branches de laurier (55).
    Paris, 1740. Arg. Très beau. Rare.
868 *Ecu au bandeau.* Même type (56). Bordeaux, 1769. Arg. TB.
869 *Demi-écu au bandeau.* Même type (58). Rouen, 1741. Arg. TB.
870 *Ecu de six livres.* Tête vieille. (62). Bayonne, 1774. Arg. TB.
871 *24 sols* (65). Bayonne, 1772. *12 sols* (66). Paris, 1771. *6 sols*
    (67). Paris, 1779. Arg. 3 p. B. et TB.
872 **Louis XVI.** *Louis d'or aux palmes.* Buste habillé à g. ℞. Ecu sur
    le sceptre et la main de justice, entouré de deux palmes (1).
    Paris, 1774. Or. TB. Rare.   *Pl. XV.*

873 *Double louis d'or aux lunettes*. Même buste. ℞. Ecus ovales. de France et de Navarre sous une couronne (2). Limoges, 1775. Or. TB.

874 — Autre. Bordeaux, 1776. TB.

875 *Louis d'or aux lunettes*. Même type (3). La Rochelle, 1775. Or. TB.   *Pl. XVI.*

876 — Autre. Paris, 1782. Or. TB.

877 *Demi-louis d'or aux lunettes*. Même type (4). Limoges, 1777. Or. TB. Tres rare.   *Pl. XV.*

878 *Double louis au buste nu*. Buste à g. ℞. Ecus carrés de France et de Navarre sous une couronne (5). Metz, 1788. Or. TB.

879 *Louis d'or au buste nu*. Même type (6). Paris, 1785. Or. TB.

880 *Louis d'or à la corne*. Même buste avec une corne sur le front. ℞. Identique au précédent (8). Strasbourg, 1786. Or. TB. Très rare.   *Pl. XVI.*

881 *Ecu de six livres*. Buste à g. ℞. Ecu entre deux lauriers (11). Paris, 1791. Arg. TB.

882 *Demi-écu*. (13). Paris, 1791. *24 sols*. (14). Toulouse, 1788. *12 sols* (15). Toulouse, 1779. Arg. 3 p. TB.

883 *Essai de l'écu d'argent de Calonne*. Buste lauré à g.; dessous J. P. DROZ. F. ℞. Deux L cursives; dessus, une couronne; entre elles, trois fleurs de lis (37). Paris, 1786. Arg. TB. Rare.   *Pl. XVI.*

884 *Période constitutionnelle*. Louis d'or. Tête à g. ℞. Génie de la France gravant sur une table le mot CONSTITUTION (59). Paris, 1793. Or. TB.

885 *Ecu de six livres*. Même type (60). Paris. 1792. Arg. TB.

886 *Petit écu*. Même type (62). Paris, 1792. Arg. TB.

887 **Révolution.** *Vingt-quatre livres*. Génie gravant sur une table le mot CONSTITUTION. Paris, 1793. Or. TB.

888 — Autre. Lille, 1793. Or. TB.

889 *5 francs*. Paris. An 5. Arg. B.

890 — Autre. Paris. An 7. Arg. FDC.

891 — Autre, même date. Bordeaux. Arg. TB.

892 *Etats Belgiques*. Lion d'or. 1790. Or. Très beau.   *Pl. XVI.*

893 *République Ligurienne*. 48 lire. 1801. La République assise à g. ℞. Faisceau dans une couronne. Or. TB.   *Pl. XVI.*

894 *République de Venise*. 10 lire, 1797. Arg. TB.

895 *Francfort*. Ducat de nécessité fr. avec la vaisselle des églises et des bourgeois. 1795. Or. Très beau.   *Pl. XVI.*

896 **Consulat et Empire.** *40 francs.* Tête de Bonaparte. An 12. Paris.
Or. TB.

897 *20 francs.* Même type, date et atelier. Or. TB.

898 *5 francs.* Paris. An xi. Arg. TB.

899 — Autre. Perpignan. An 12. Arg. TB.

900 *40 francs.* napoléon empereur. Tête nue à g. ℞. republique française. Paris. An 13. Or. TB.

901 *5 francs.* Mêmes type, date et atelier, mais la tête à dr. Arg. TB.

902 *40 francs.* Tête laurée. ℞. republique française. Paris. 1807. Or. TB.

903 *20 francs.* Tête laurée. ℞. empire français. Rome. 1812. Or. B. Rare.

904 — Autre. Utrecht. 1813. Or. **TB.**

905 — Autre. Paris. 1815. Or. TB.

906 *5 francs.* Rome. 1811. Arg. TB.

907 — Autre. Turin. 1811. Arg. B. Rare.

908 — Autre. Paris. 1812. Arg. TB.

909 — Autre. Rome. 1812. Arg. B. Rare.

910 — Autre. Paris. 1815. Arg. B. Rare.

911 *20 francs* de Marengo. An 9. Or. TB.

912 — Autre. An 10. Or. TB.

913 *Barcelone.* 20 pesetas. 1813. Or. **TB.**

914 *Louis Napoléon.* Ducat. 1810. Or. Très beau.

915 *Joseph Napoléon.* 80 réaux. 1811. Or. Très beau.

916 *Jérôme Napoléon.* 20 franken. 1809. Or. **TB.**

917 — Autre. 1811. Or. TB.

918 *Murat.* 20 lire. 1813. Or. TB.

919 **Louis XVIII.** *20 francs.* Paris. 1815. Or. TB.

920 **Napoléon II.** *5 francs.* Essai, daté 1816. Arg. FDC.

921 **Henri V.** *5 francs.* Essai. 1831. Arg. TB.

922 — Autre, 1875 par Gessener. Dédié à la commission monétaire internationale. Arg. FDC.

923 **Commune de Paris,** 1871. *5 francs* de Camélinat. Arg. FDC.

924 **Napoléon IV.** *5 francs.* Essai, 1874 par C. de F. Arg. FDC.

925 *10 centimes.* Essai, 1874 par C. de F. Br. FDC.

926 **3ᵉ République.** *5 francs.* Essai au buste de Gambetta. Arg. FDC.

927 Essai au buste de Thiers, entouré d'éteignoirs, 1872. Arg. FDC.

928 Essai au buste de Mac-Mahon, 1874. Arg. FDC.

929 ***Essai de 25 cent.*** 1904 par A. Patey. Nickel. FDC.

930 *Essai de 5 cent.* par D. Dupuis, 1908. Aluminium. FDC.
931 *Essai de 10 centimes.* 1909. Buste de face. Aluminium. FDC.
932 *Essai de Monnaie.* ℞. 1/4 REAL 1872. A. Aluminium. FDC.
933 *Madagascar.* Ranavona III. Buste de face. 1886. Arg. FDC.
934 **Lot** de monnaies Françaises en argent. A diviser.

JETONS

935 **Louis XIV.** *Chambre des assurances.* Buste du roi à dr. ℞. 1671.
Vaisseau (Gauvin 104). Arg. B. Rare.   *Pl. XVI.*
936 **Louis XV.** *Artillerie.* 1749. Aigle portant une branche d'olivier.
Dessous, une partie du globe avec EVROPA. Arg. TB. Paix d'Aix
la Chapelle.
937 *Colonies françaises de l'Amérique.* 1754. Paysage avec 2 castors
à g. Arg. TB. Rare.   *Pl. XVI.*
938 *Compagnie des Indes.* 1723. Ecu couronné aux armes de la Cⁱᵉ
soutenu par deux sauvages. ℞. Vaisseau allant à g. Arg. TB.
Rare.
939 **Personnages.** *Marguerite de Navarre.* Ecu couronné. ℞. 1586.
Autel ombragé par un palmier. Br. TB.
940 *Gaston de France.* 1623. Deux triangles enlacés dans un cercle.
Br. TB.
941 *Marie Adélaïde, Dauphine.* Buste à dr. ℞. 1712. Couronne. Arg.
TB.
942 *Marie-Josèphe, Dauphine.* Buste à g. ℞. 1757. Petits lauriers
croissant à l'ombre d'un plus grand. Arg. TB.
943 *Monsieur.* Buste de Louis XVI à dr. ℞. Ecu du Comte de Provence. Oct. Arg. TB. Rare.
944 *Anne de Joyeuse, amiral de France.* Ses armes. ℞. Ancre cernée
de deux palmes. Br. TB.
945 *Armand de Gontaut de Biron, maréchal de France.* Ecu à ses
armes. ℞. 1578. Tétragramme au-dessus des nuages et hermine
près d'une couronne posée sur un sceptre. Arg. TB. Rare.
                              Pl. XVI.
946 *Besson, capitaine des gardes Suisses.* Ses armes. ℞. 1665. Eten-
dard des Suisses. Br. TB.
947 **Paris.** *Procureurs au Châtelet.* Jérome d'Argouges. Ses armes. ℞.
1718. Le char de l'Aurore allant à dr. Arg. TB. Rare.

948 *Huissiers à cheval.* Tête de Louis XV à dr. ℞. 1731. St-Martin.
Arg. TB.

949 *Jurés mesureurs et visiteurs des grains.* Boisseau. ℞. 1716. **La**
Ste-Vierge protégeant un navire allant à g. Arg. TB.
Pl. XVI.

950 *Orfèvres.* Buste lauré de Louis XV à dr. ℞. Armes des orfèvres.
Arg. TB. *Pl. XVI.*

951 *Jurés vendeurs de volailles.* Buste de Louis XV à dr. ℞. Adam **et**
Eve à côté de quadrupèdes et d'oiseaux. Arg. TB.

952 *Ecoles.* 1735. La Vierge assise. ℞. 1752. Apollon et un enfant.
Arg. TB. *Pl. XVI.*

953 *Commissaires-priseurs.* Napoléon Ier. Tête laurée à dr. ℞. Justice
assise à g. (T. N. XXII. 12). Arg. Octog. TB.

954 *Sciences pharmaceutiques.* ℞. SOCIÉTÉ D'EMULATION FONDÉE EN 1838.
Arg. TB.

955 **Amiens.** *Chambre de commerce.* Napoléon I. Sa tête à dr. ℞.
1802. Minerve assise au bord de la mer. (TN. VI. 6). Octog. **Arg.**
TB.

956 Louis XVIII. Tête à g. ℞. Le même. Arg. Octog. TB.

957 Charles X. Tête à g. Octog. Arg. TB.

958 Louis-Philippe. Tête à g. Octog. Arg. TB.

959 **Ardennes.** *Compagnie des trois canaux* (Ardennes, Somme, Oise).
Arg. TB.

960 **Bouillon.** *Godefroy III.* Son buste. ℞. 1788. Façade d'église. Arg.
Octog. TB.

961 **Bretagne.** *Etats.* Buste de Louis XVI à dr. ℞. 1787. Ecus de
France et de Bretagne. Arg. Octog. TB. Rare.

962 **Briare.** *Canal de Briare.* Corne d'abondance, signé BRENET. AN 10.
Trois fleuves couchés renversant leurs urnes (TN.XCI. 3). Arg.
Octog. TB.

963 Variété non signée. Arg. Octog. TB.

964 **Caen.** *Société de Médecine.* Esculape. ℞. VITA BREVIS ARS LONGA
dans une couronne de pavots. Arg. TB.

965 **Château-Thierry.** *Jean de la Fontaine.* Jeton à son buste par
Dassier. Arg. TB.

966 *Notaires.* Tables et balances. Arg. Octog. TB.

967 *Huissiers.* 1830. Tables et balances. Arg. Octog. TB.

968 *Répression du braconnage.* Arg. TB.

969 **Epinac.** *Cie des Houillères et du chemin de fer.* Louis-Philippe.
Arg. Octog. TB.

970 **Fontainebleau.** *Notaires.* La Justice ailée tenant un sceptre et des balances et marchant à dr. (Non décrit dans Boudeau). Arg. Octog. TB. Rare.

971 **Gien.** *Notaires.* Tête de Louis-Philippe signée CAQUÉ. F. Octog. Arg. TB.

972 — Variété, la signature plus grosse.

973 — Autre, sans points après CAQUÉ F.

974 **Haute-Seine.** *Coches.* Deux ancres et corne d'abondance. ℞. Vue de la Seine sur laquelle est un coche d'eau. An six. (TN. LXIX. 11). Arg. Octog. TB.

975 **Languedoc.** *Etats* (1659). Armes de Mgr Cohon évêque de Nîmes. ℞. Ecu couronné. Br. TB.

976 1703. Tête de Louis XIV. ℞. Ecu couronné. Arg. B.

977 1705. PACATA PROVINCIA. La Province assise à g. Arg. B. (Soumission de Cavalier (1704) et paix religieuse restaurée).

978 1719. Buste de Louis XV. ℞. Ecu couronné. Arg. TB.

979 1723. L'archevêque de Reims couronnant le roi à genoux. Arg. TB.

980 Buste signé J. C. R en monogr. ℞. 1728. Minerve et Mars debout se donnant la main, près d'un olivier où sont suspendus cinq écussons aux armes de France, Empire, Espagne, Angleterre, Hollande. Arg. TB. (Préliminaires du traité de Séville).

981 1729. Amour soutenant l'écu. Arg. TB.

982 1730. Bustes accolés de Louis XV et de Marie Leczinska. ℞. La France assise tenant le dauphin. Arg. TB.

983 1732. Buste de Louis XV. ℞. Minerve debout. Arg. TB.

984 1733. Statue équestre du roi. Arg. TB.

985 1737. Iris portée sur l'Arc en ciel et tenant une palme. Arg. TB. (Adhésion de l'Espagne et de la Diète germanique aux préliminaires de la paix de Vienne).

986 1740. La Province assise près d'un lion endormi; à sa droite un enfant nu soulevant son voile et tenant un écu aux armes du nouvel archevêque, Berton de Crillon. Arg. TB.

987 1741. Buste de Louis XV. ℞. Ecu couronné. Arg. TB.

988 1747. NUNC UTILIUS. Le Pont du Gard. Arg. TB. Très rare.

Pl. XVI.

989 1750. La Paix assise tenant une corne d'abondance et une branche d'olivier. Arg. TB. (Paix d'Aix la Chapelle).

990 1759. Ecu couronné. Arg. TB.

991 1761. Même revers. Arg. TB.

992 1762. Vaisseau. Octog. Arg. TB. (Vaisseau de 80 canons offert au roi par les Etats en 1761).

993 1765. Génie tenant une palme et un écu. Arg. TB.

994 1773. Ecu couronné. Arg. TB.

995 1780. Buste de Louis XVI. ℞. Ecu couronné. Arg. TB.

996 1786. Ecu couronné. Arg. TB.

997 1787. Ecu couronné. Arg. TB.

998 **La Rochelle.** *Académie de drame et de musique.* Théâtre. ℞. MDCCLXVI. La décsse de l'art dramatique, assise. Arg. TB. Rare.
Pl. XVI.

999 **Lille.** *Etats.* Louis XIV. Tête du Roi à dr. ℞. 1687. Ruche. Arg. TB.

1000 **Louviers.** *J.-L. Portail, gouverneur.* Ses armes. ℞. 1745. La Justice assise. Br. TB. *Pl. XVI.*

1001 **Lyon.** *Chambre de commerce.* Armes de la Chambre. ℞. Le Soleil au-dessus du globe terrestre. Arg. TB.

1002 *François Rieussec.* Armes de la ville. ℞. NOBLE FRANCOIS RIEUSSEC ECHEVIN DE LYON. Ses armes. (Non décrit dans Poncet ni dans le supplément publié par le Dr Chatillon). Arg. TB. Très rare.
Pl. XVI.

1003 **Marquis de Noailles.** Ses armes. ℞. du précédent. Arg. B. Paraît inédit.

1004 **Marseille.** *Le Midi.* Assurances contre l'Incendie. (G. 288). Br. Octog. TB.

1005 **Reims.** *Le cardinal de Guise, archevêque.* Ses armes. ℞. 1584. La Ste Ampoule au-dessus d'un autel. Br. TB.

1006 **Roubaix.** *Caisse commerciale.* Arg. Octog. TB.

1007 **Tours** *Mairie de Benoist de la Grandière.* Buste de Louis XVI à g. ℞. Armes de la ville. Arg. TB.

1008 **Val de Travers.** *Mines d'asphalte.* Arg. Octog. TB.

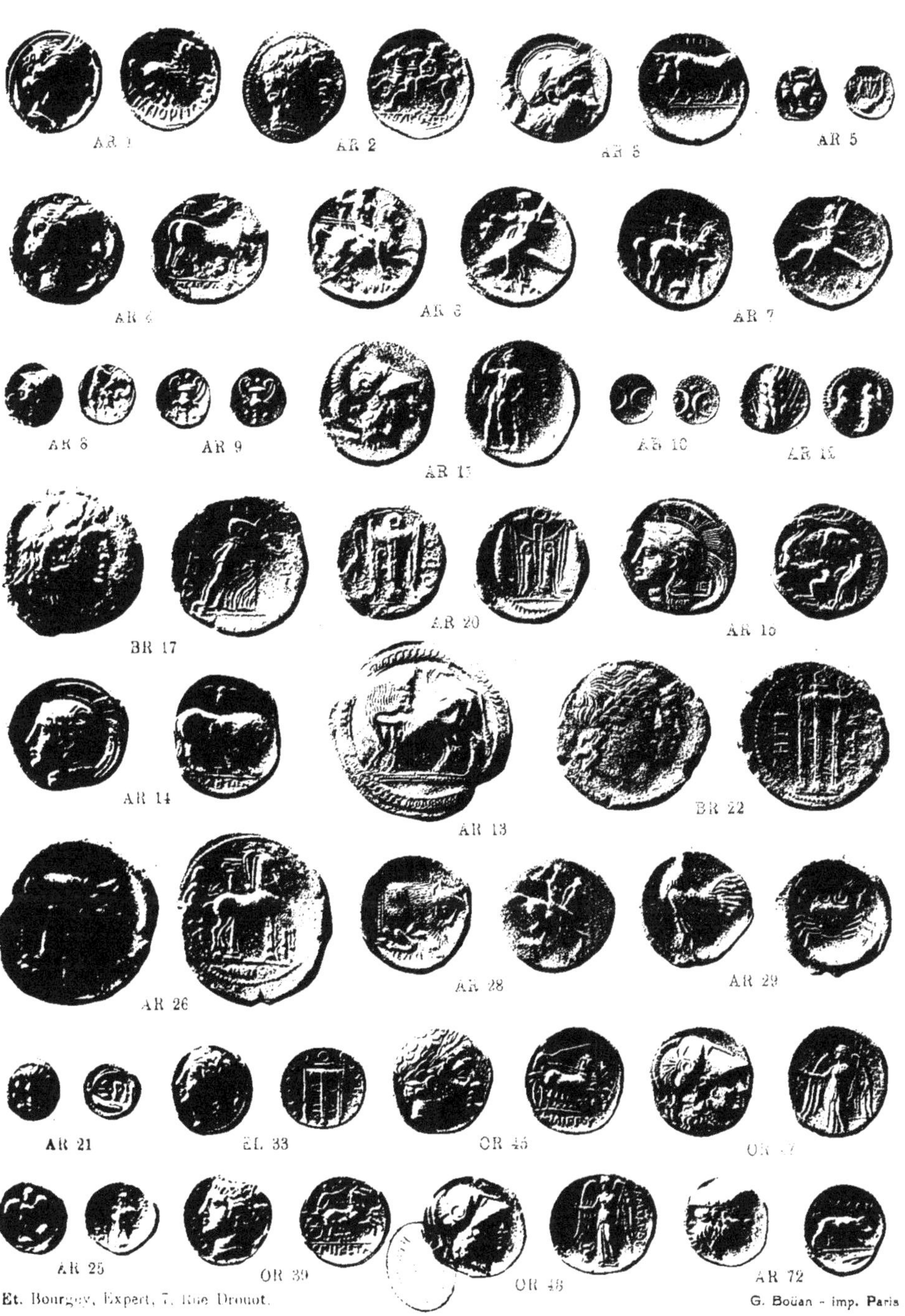

AR 1
AR 2
AR 5
AR 5
AR 4
AR 6
AR 7
AR 8
AR 9
AR 17
AR 10
AR 15
BR 17
AR 20
AR 15
AR 14
AR 13
BR 22
AR 26
AR 28
AR 29
AR 21
EL 33
OR 45
OR 47
AR 25
OR 30
OR 48
AR 72

AR 34
AR 36
BR 37
AR 35
AR 43
AR 46
AR 50
AR 52
AR 56
AR 55
AR 58
AR 53
AR 60
AR 61
OR 62
OR 63
AR 65
AR 67
AR 70
AR 71

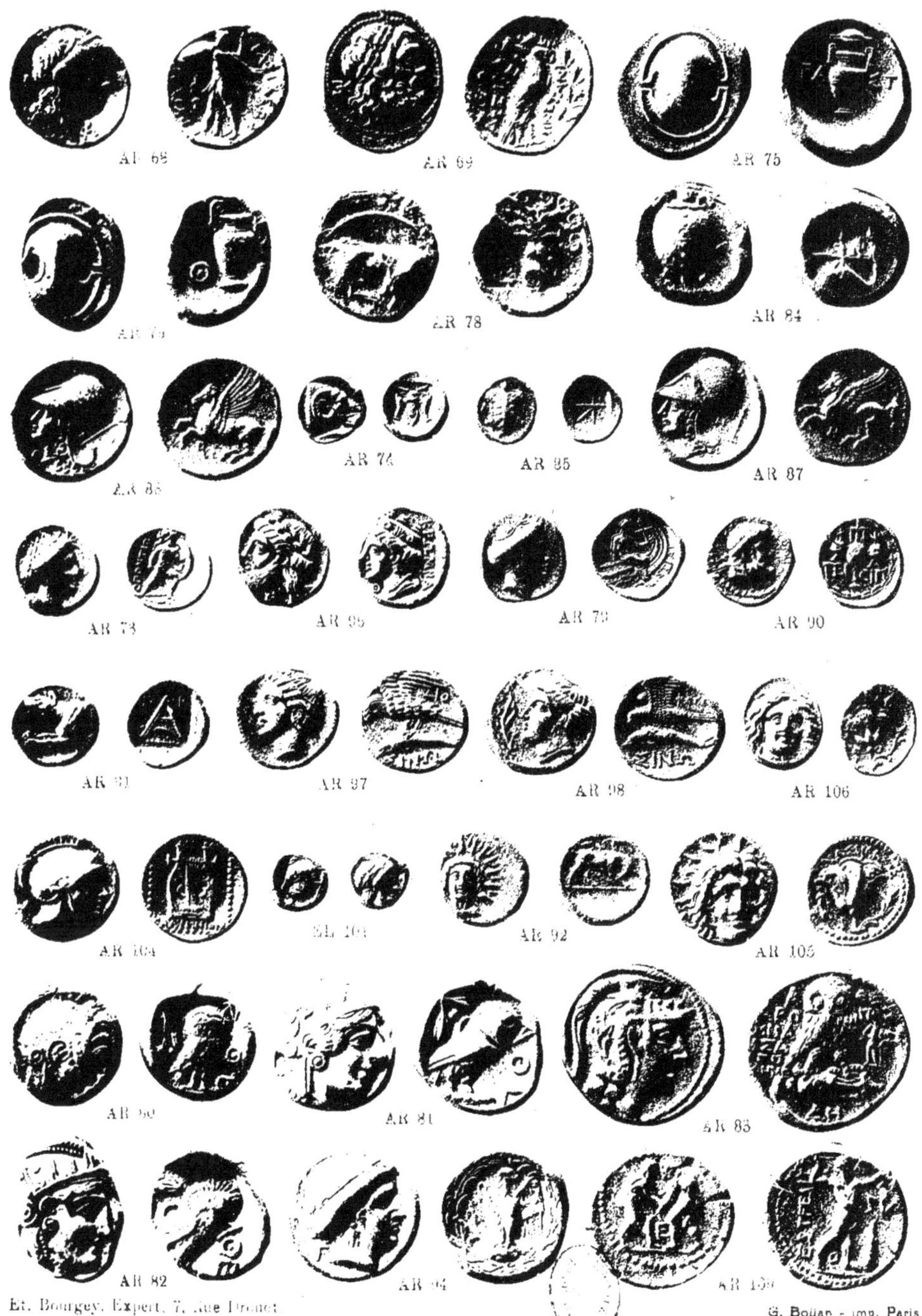

AR 68
AR 69
AR 75
AR 78
AR 84
AR 74
AR 85
AR 87
AR 73
AR 95
AR 79
AR 90
AR 98
AR 106
AR 104
AR 92
AR 105
AR 81
AR 83
AR 82
AR 107

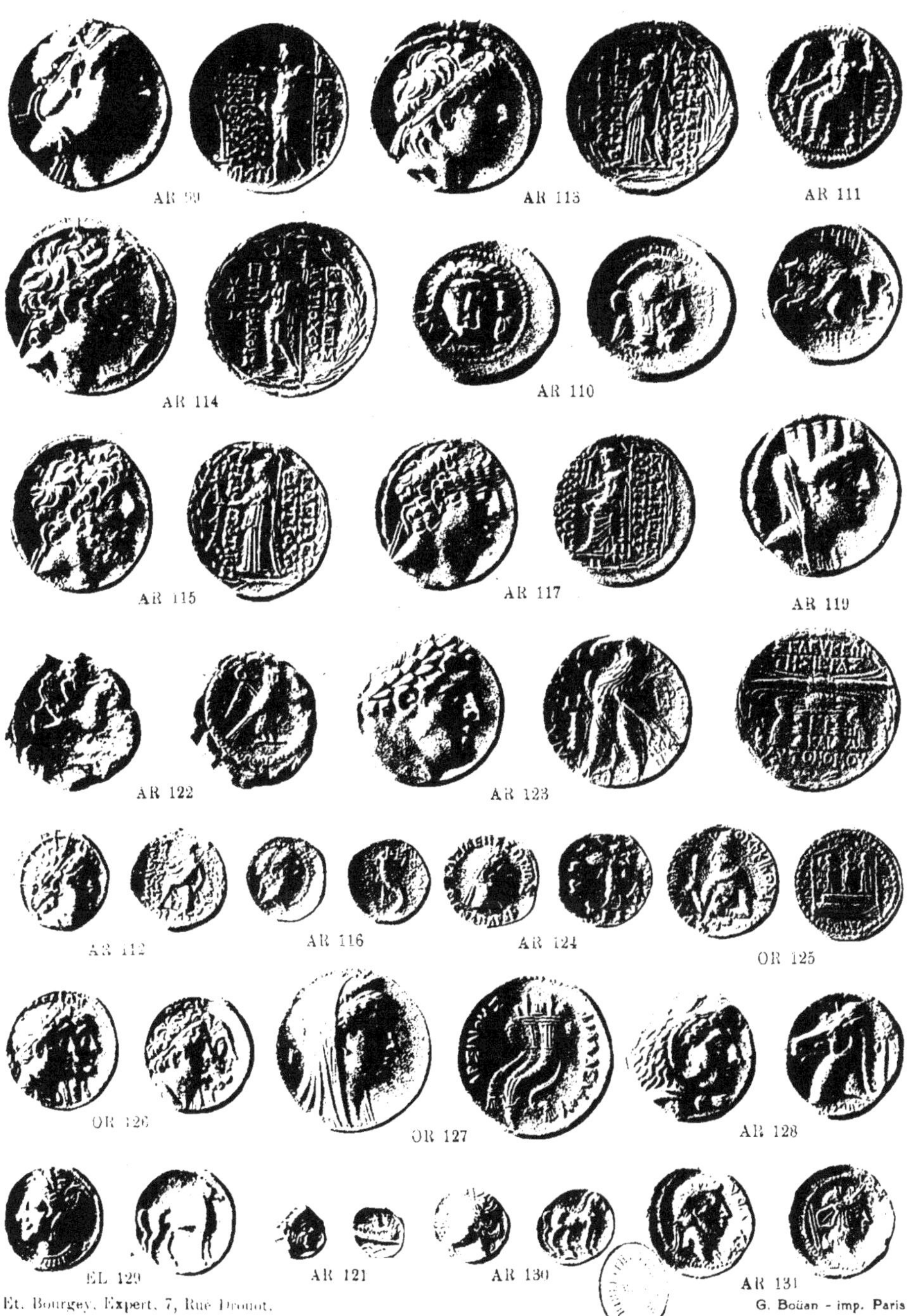

AR 99
AR 113
AR 111
AR 114
AR 110
AR 115
AR 117
AR 119
AR 122
AR 123
AR 112
AR 116
AR 124
OR 125
OR 126
OR 127
AR 128
EL 129
AR 121
AR 130
AR 131

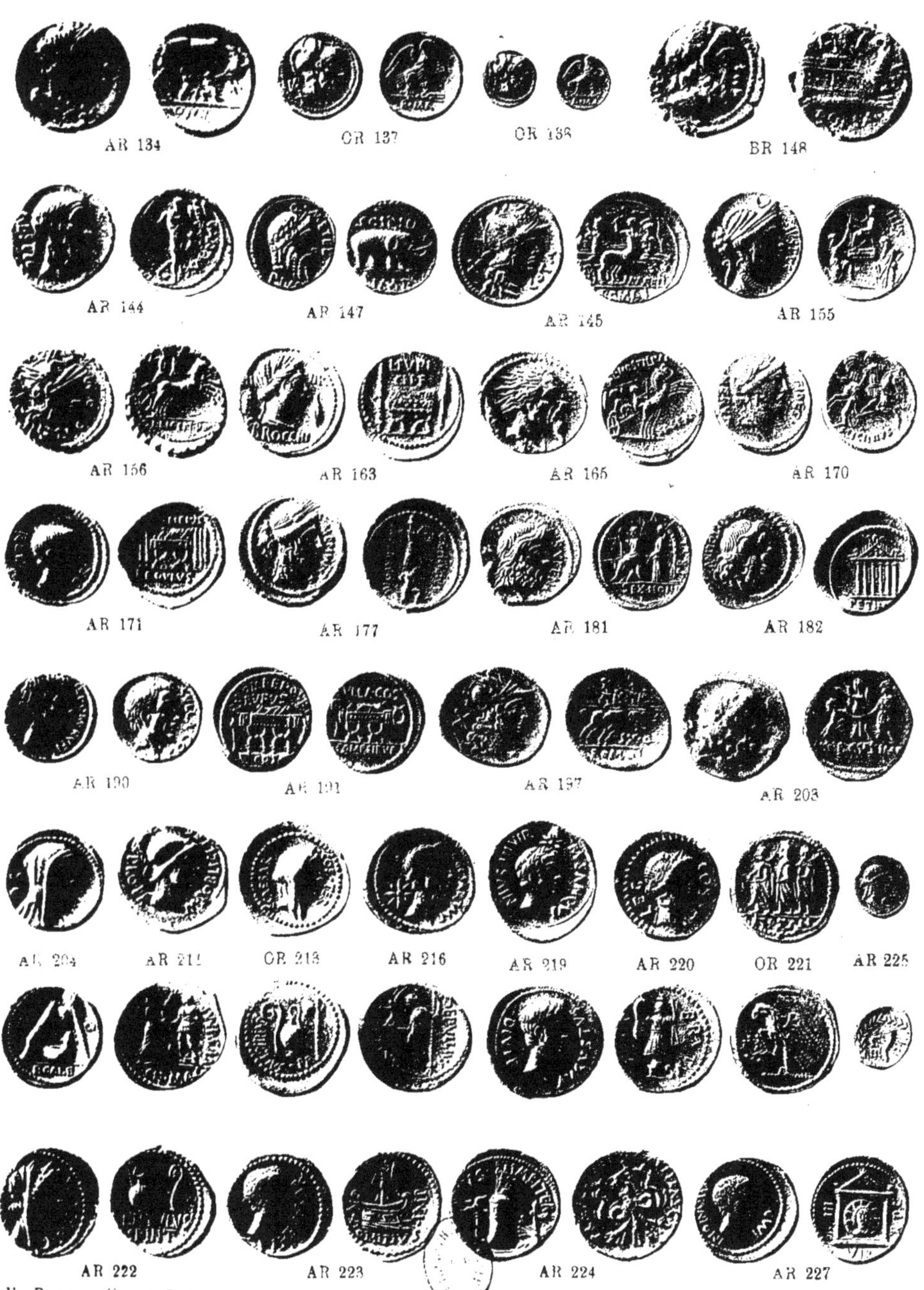

AR 134 OR 137 OR 138 BR 148

AR 144 AR 147 AR 145 AR 155

AR 156 AR 163 AR 165 AR 170

AR 171 AR 177 AR 181 AR 182

AR 190 AR 191 AR 197 AR 203

AL 204 AR 211 OR 213 AR 216 AR 219 AR 220 OR 221 AR 225

AR 222 AR 223 AR 224 AR 227

G. Boüan - imp. Paris

AR 228
AR 231
AR 233
AR 234
AR 232
AR 235
AR 237
AR 243
OR 244
OR 248
AR 249
OR 250
AR 251
AR 253
AR 255
OR 258
OR 259
BR 261
OR 263
OR 267
AR 269
OR 272
OR 277
OR 282
AR 283
AR 284
OR 287
AR 286
OR 289
OR 291
OR 293

BR 239   BR 246

BR 247   BR 254

BR 256   BR 260

BR 268   BR 271

BR 240   BR 242   BR   265   BR 281   BR 294

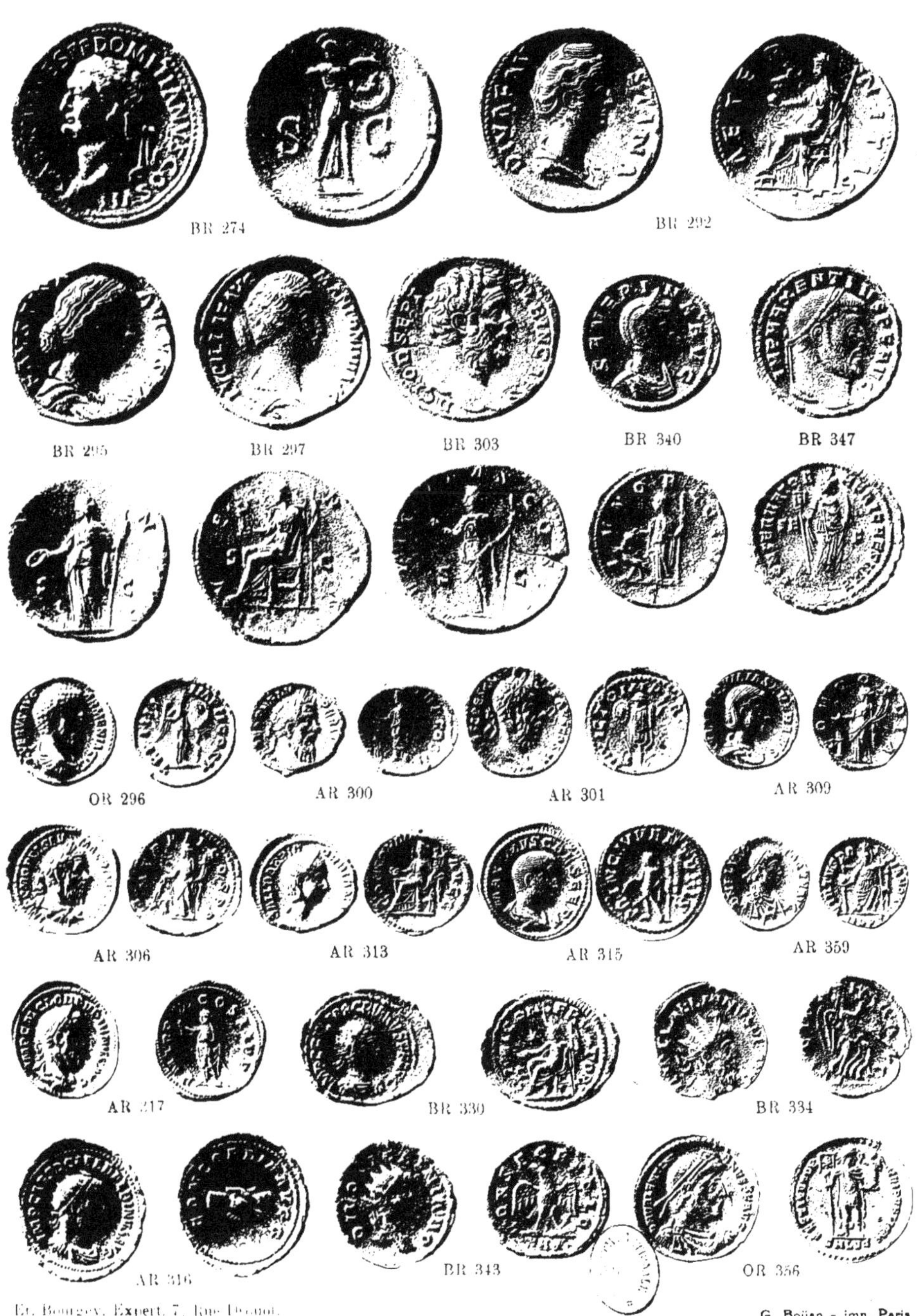

BR 274

BR 292

BR 295

BR 297

BR 303

BR 340

BR 347

OR 296

AR 300

AR 301

AR 309

AR 306

AR 313

AR 315

AR 359

AR 317

BR 330

BR 334

AR 316

BR 343

OR 356

G. Boüan – imp. Paris

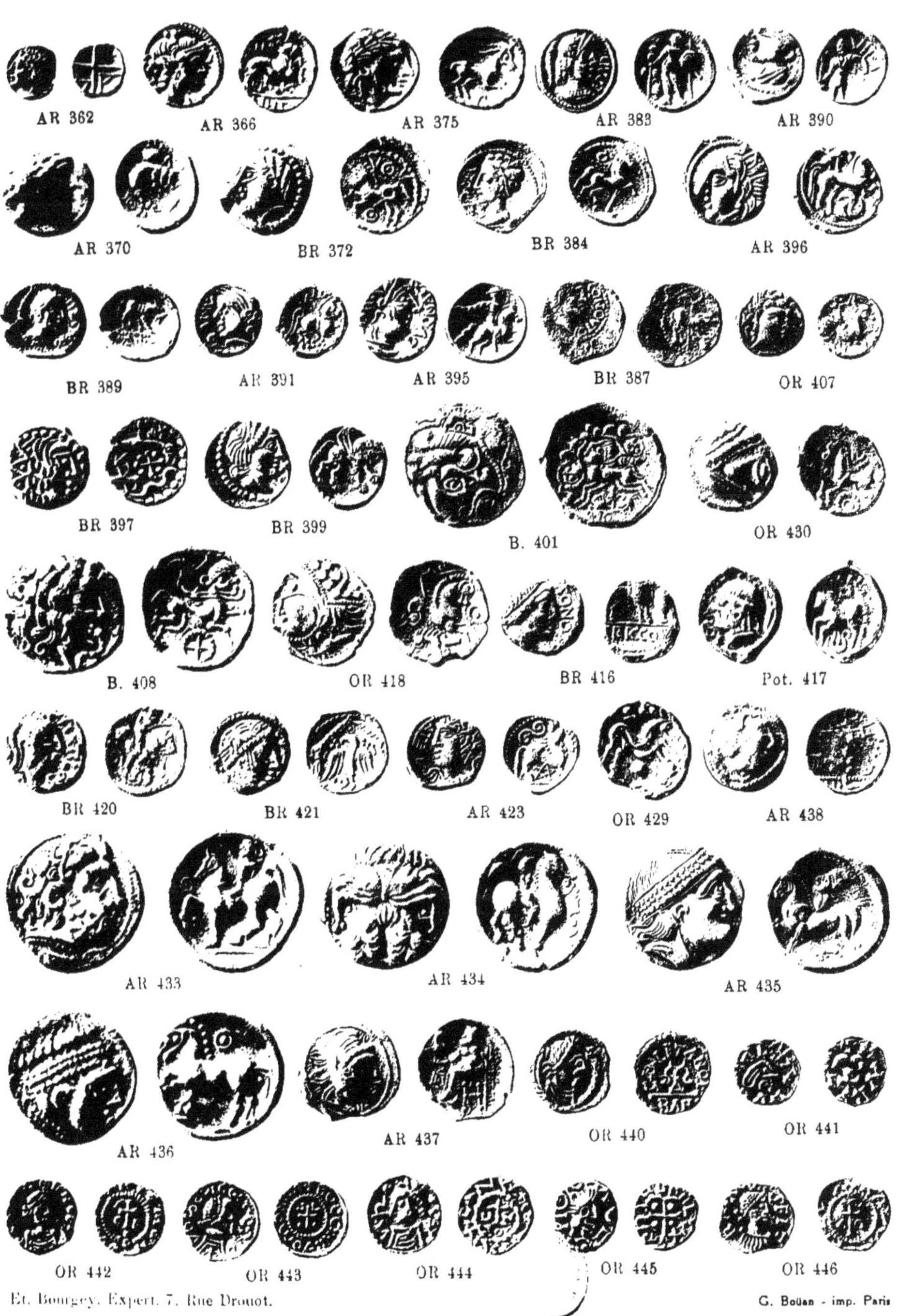

AR 362   AR 366   AR 375   AR 383   AR 390

AR 370   BR 372   BR 384   AR 396

BR 389   AR 391   AR 395   BR 387   OR 407

BR 397   BR 399   B. 401   OR 430

B. 408   OR 418   BR 416   Pot. 417

BR 420   BR 421   AR 423   OR 429   AR 438

AR 433   AR 434   AR 435

AR 436   AR 437   OR 440   OR 441

OR 442   OR 443   OR 444   OR 445   OR 446

OR 447
OR 448
AR 449
AR 452
AR 457
AR 461
AR 463
AR 464
AR 465
AR 466
AR 468
OR 476
AR 474
AR 475
AR 477
AR 478
AR 483
AR 485
AR 487
AR 488
AR 491
AR 499
AR 492
AR 493
AR 494
AR 498
AR 495
AR 496
AR 500
AR 502
AR 503
AR 504
AR 506
AR 509
AR 510
AR 516

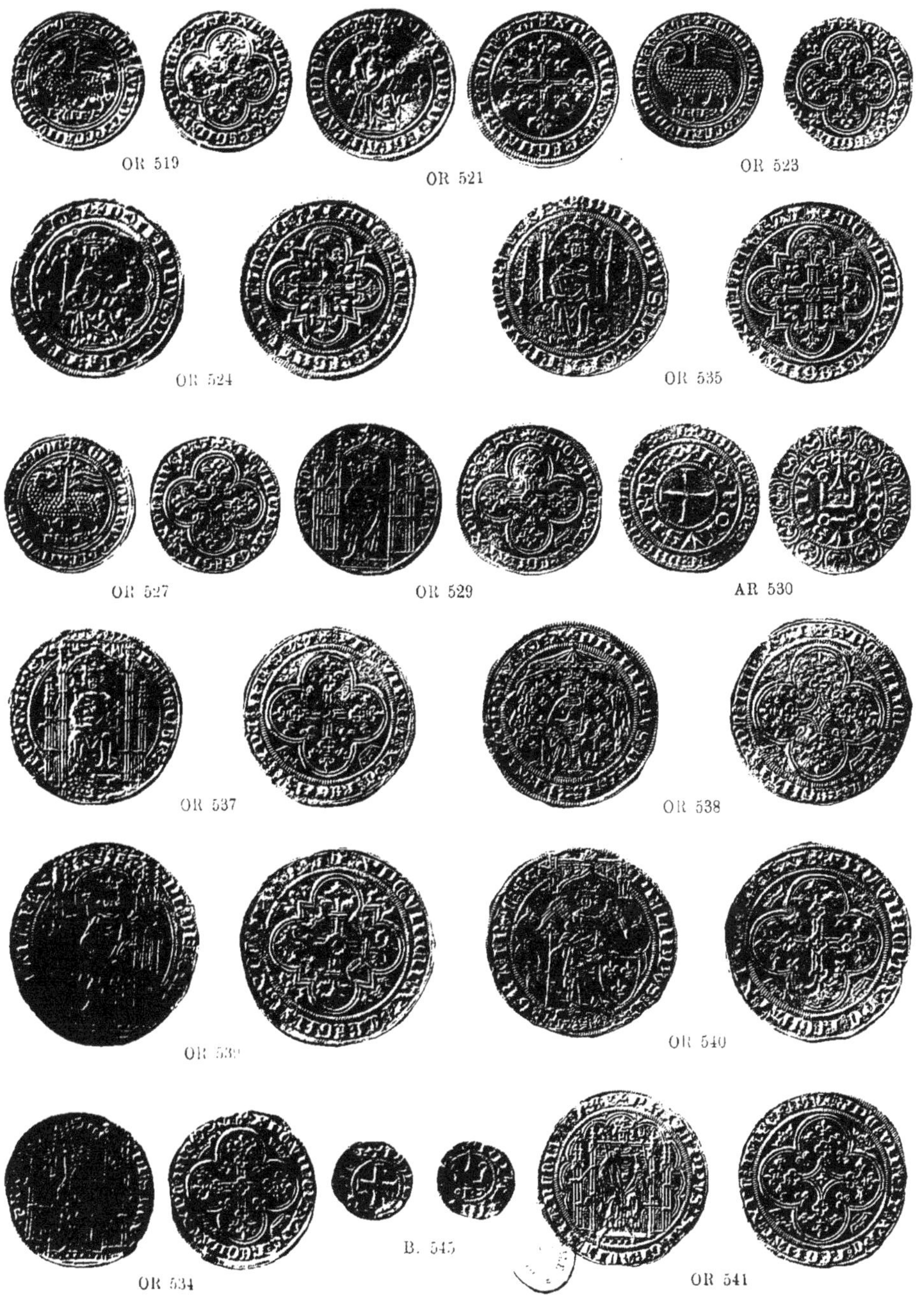

OR 519

OR 521

OR 523

OR 524

OR 535

OR 527

OR 529

AR 530

OR 537

OR 538

OR 539

OR 540

OR 534

B. 545

OR 541

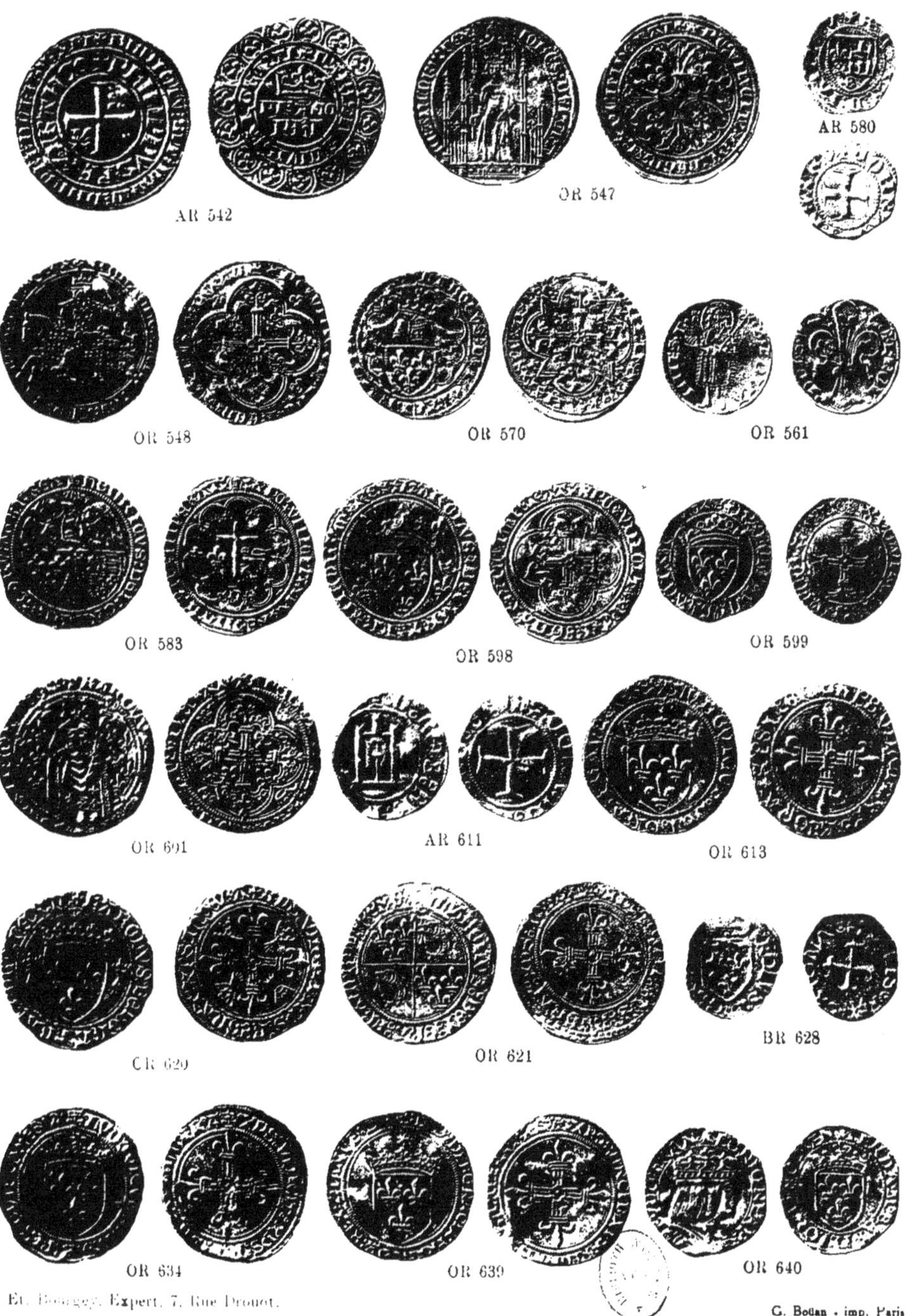

AR 542

OR 547

AR 580

OR 548

OR 570

OR 561

OR 583

OR 598

OR 599

OR 601

AR 611

OR 613

CR 620

OR 621

BR 628

OR 634

OR 639

OR 640

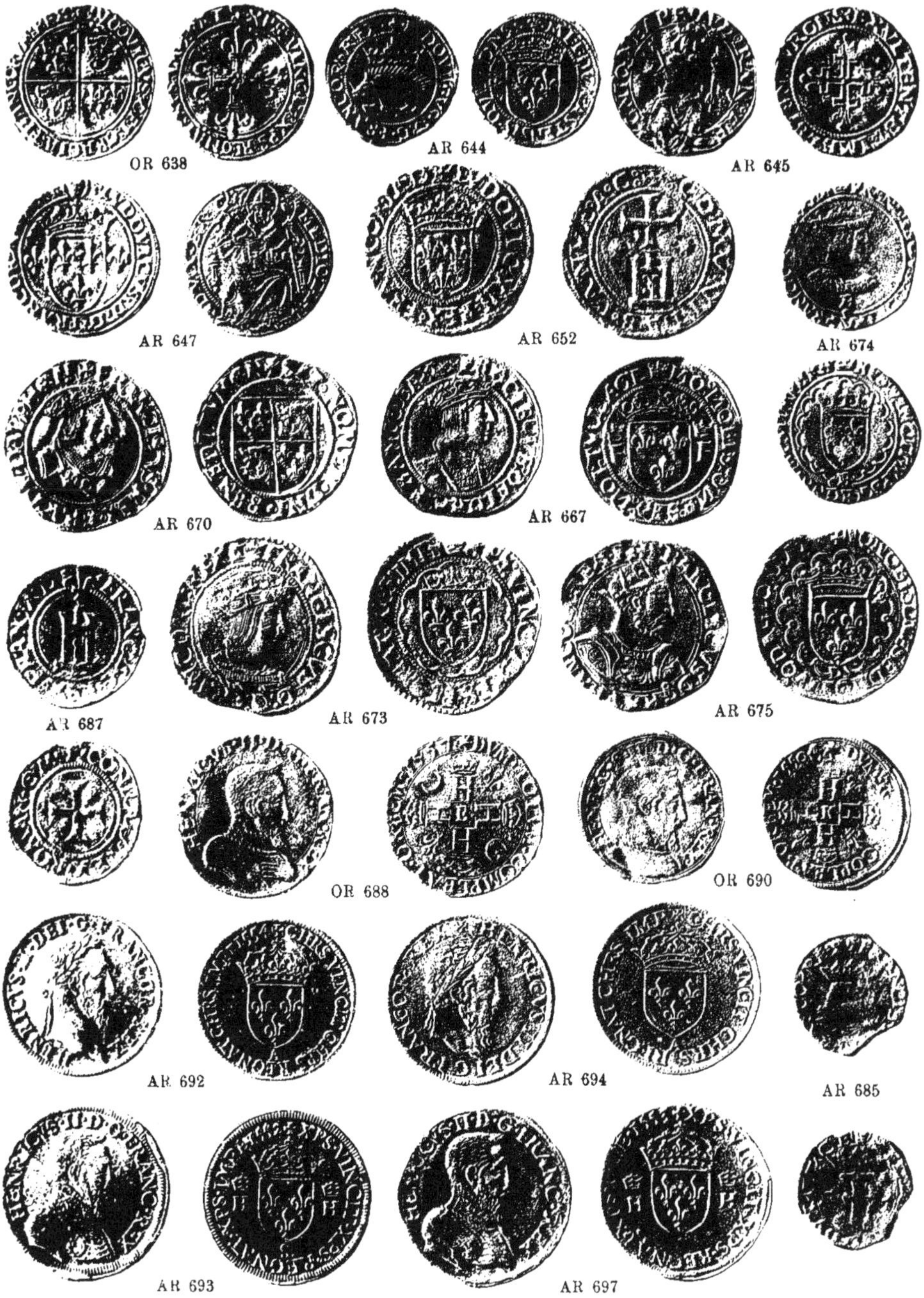

OR 638 AR 644 AR 645

AR 647 AR 652 AR 674

AR 670 AR 667

AR 687 AR 673 AR 675

OR 688 OR 690

AR 692 AR 694 AR 685

AR 693 AR 697

Et. Bourgey, Expert, 7, Rue Drouot. G. Boüan - imp. Paris

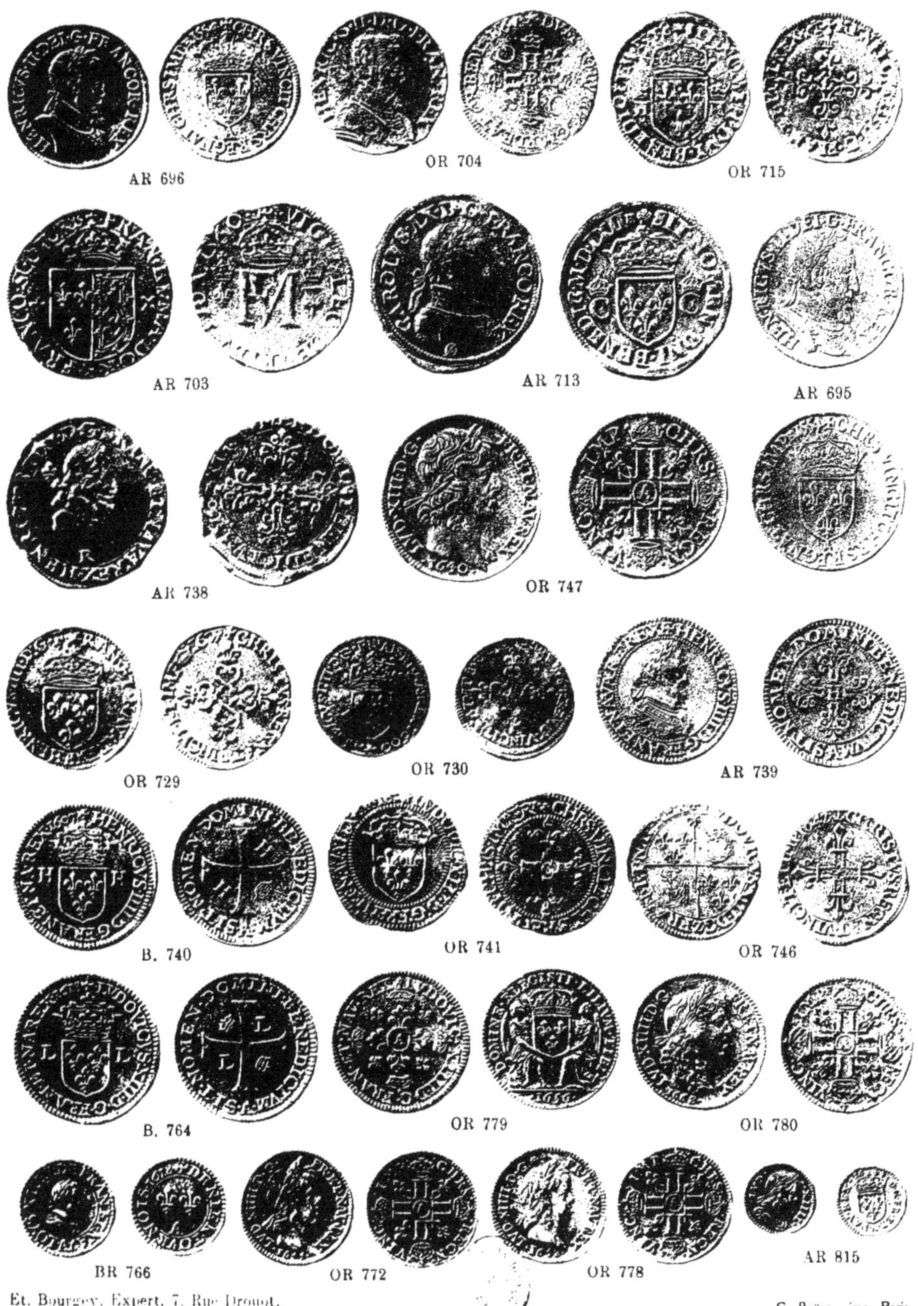

AR 696   OR 704   OR 715

AR 703   AR 713   AR 695

AR 738   OR 747

OR 729   OR 730   AR 739

B. 740   OR 741   OR 746

B. 764   OR 779   OR 780

BR 766   OR 772   OR 778   AR 815

OR 781
OR 783
OR 784
OR 793
OR 786
OR 804
OR 795
OR 805
OR 810
AR 813
AR 818
OR 806
OR 833
OR 835
OR 837
OR 836
OR 841
OR 842
OR 854
OR 872
OR 877

AR 883
OR 875
OR 880
OR 893
OR 892
OR 895
AR 935
AR 937
AR 945
AR 950
AR 949
AR 952
AR 988
AR 998
BR 1000
AR 1002

www.ingramcontent.com/pod-product-compliance
Ingram Content Group UK Ltd.
Pitfield, Milton Keynes, MK11 3LW, UK
UKHW020345180726
13839UKWH00002B/926